mandelbaum *verlag*

VERBRANNTE ORTE

Nationalsozialistische Bücherverbrennungen in Deutschland

Herausgegeben von Jan Schenck,
Verbrannte Orte e. V.

mandelbaum *verlag*

mandelbaum.at · mandelbaum.de

ISBN 978-3-99136-005-6

Lektorat: Elvira M. Gross
Grafische Gestaltung: Kevin Mitrega, Schriftloesung
Druck: Jelgavas Tipogrāfija

Inhalt

Vorwort

Bereits über hundert Jahre vor den nationalsozialistischen Bücherverbrennungen schrieb der Dichter Heinrich Heine in seiner Tragödie *Almansor*, die 1823 uraufgeführt wurde: „Dort, wo man Bücher verbrennt, verbrennt man am Ende auch Menschen." Leider sollte er mit diesem Satz Recht behalten.

Das freie Wort ist die größte Bedrohung für undemokratische Regierungen. Deshalb zählte die Einschränkung der freien Meinungsäußerung zu den allerersten Maßnahmen der Nationalsozialisten. Und auch heute noch werden unbequeme Meinungen zum Stillschweigen gebracht, indem repressive Regime regierungskritische Journalist*innen wegsperren lassen oder Bücher verbieten, die den Vorstellungen der Machthaber*innen widersprechen. Das sehen wir beispielsweise an Russlands Propaganda, der Unterdrückung kritischer Stimmen in der Türkei oder dem gewaltsamen Vorgehen gegen Demonstrationen in Ländern wie China oder Simbabwe.

Wenn Bücher in Flammen stehen, buchstäblich oder im übertragenen Sinne, dann tun es auch Werte wie Respekt, Toleranz, Empathie und Meinungsfreiheit. Bücher erzählen Geschichten, sind Kulturzeugnisse und Übermittler von Wissen und Ideen. Sie bilden gesellschaftliche Strukturen ab, ziehen diese in Zweifel und schaffen es sogar, diese zu reformieren. Worte können große Kraft entfalten und doch ist die Freiheit des Wortes ein zerbrechliches Gut. Deshalb ist es so wichtig, dass wir uns für dieses Grundrecht einsetzen. Immer wieder.

Der Börsenverein des deutschen Buchhandels sieht sich bei dieser Aufgabe in einer besonderen Verantwortung, denn leider sind die „verbrannten Orte" eng mit der Geschichte des Verbandes verwoben. Als die Nationalsozialisten im Jahr 1933 begannen, Bücher auf Scheiterhaufen zu werfen, hat sich der Börsenverein aktiv daran beteiligt – aus

Opportunismus. Im Austausch gegen wirtschaftliche Vorteile hat sich der Verband den Machthabern untergeordnet. Die Scham angesichts der Historie unseres Landes und der dafür Verantwortlichen darf in uns nicht den Impuls hervorrufen, das Geschehene als abgeschlossene Vergangenheit von uns zu weisen. Schon bald nach dem Zweiten Weltkrieg hat der Verband Konsequenzen aus seinem Fehlverhalten gezogen – etwa mit der Verleihung des Friedenspreises und dem Eintreten für Meinungsfreiheit an verschiedensten Schauplätzen. Bis heute stehen wir ausdrücklich für die Freiheit des Wortes ein.

Wir schreiben das Jahr 2023, in dem sich der Gedenktag der Bücherverbrennungen zum neunzigsten Mal jährt. Ein wichtiger Anlass, um die Spuren, die Bücherverbrennungen in ganz Deutschland hinterlassen haben, sichtbar zu machen. Das Projekt „Verbrannte Orte“ leistet hier seit vielen Jahren einen bedeutsamen Beitrag zur Aufklärungsarbeit und Erinnerungskultur. Wir freuen uns, Jan Schenck und seine Arbeit seit langem unterstützen zu dürfen. Es ist wichtig, dass seine Fotografien nun in dieser umfangreichen Publikation zugänglich gemacht werden.

Ich wünsche Ihnen anregende, nachdenkliche und aufrüttelnde Augenblicke bei der Lektüre.

Peter Kraus vom Cleff, Hauptgeschäftsführer des Börsenvereins des Deutschen Buchhandels

„Verbrannte Orte“

Zur Entstehung eines Gedenkprojekts

Den Orten der Bücherverbrennungen ein Gesicht geben, damit diese nicht in Vergessenheit geraten. Wie sehen die Orte heute aus, und betrachten wir sie anders mit dem Wissen um die historischen Ereignisse?

> „Das Schwimmbad, welches ich als Kind besucht habe, befindet sich an der Stelle einer Bücherverbrennung.“
> „Der Marktplatz, auf dem ich jeden Samstag einkaufen gehe, war der Ort einer Bücherverbrennung.“
> „Die Apotheke an der Ecke war früher eine sozialistische Buchhandlung, nach der Plünderung fand vor dem Haus eine Bücherverbrennung statt.“

Vor elf Jahren entstand aus einem fotografischen Projekt das heute umfassendste Dokumentationsprojekt zu den nationalsozialistischen Bücherverbrennungen. Begonnen hat es mit der überraschenden Erkenntnis: „Es gibt mehr als 25 Orte der Bücherverbrennungen“, woraus die Frage resultierte: „Wie betrachten wir die Orte heute, wenn wir wissen, was damals passiert ist?“

Die ersten Fotos datieren aus 2012 und führten zur nächsten Frage, nämlich wie so ein Projekt veröffentlicht werden sollte. Klar war, es sollte kein teures Fotobuch daraus entstehen, das am Ende im Regal verstaubt, sondern etwas Nachhaltiges und für „alle“ Zugängliches werden – ein Beitrag zur aktuellen Erinnerungskultur. Aufgrund des geografisches Bezuges war rasch entschieden, dass der Atlas die zentrale Visualisierung wird.

Das finale Projekt „Verbrannte Orte – Onlineatlas der nationalsozialistischen Bücherverbrennungen“ startete dann offiziell 2013 mit einer Crowdfundingkampagne. Innerhalb von vierzig Tagen kamen insgesamt 3 385 Euro zusammen und schufen den Grundstein für das heutige Projekt. Seit 2020 befindet sich das Projekt in der Trägerschaft eines eigens gegründeten gemeinnützigen Vereins.

Am 3. Januar 2014 ging die erste Version des webbasierten Atlas mit knapp neunzig verzeichneten Orten online. In den letzten neun Jahren sind über siebzig Orte und damit teils bisher unbekannte Bücherverbrennungen hinzugekommen. Die technische Plattform wurde mehrfach überarbeitet, um immer neuen Anforderungen gerecht zu werden.

Eine derart vollständige Informationssammlung zu den Orten der Bücherverbrennungen war bisher nicht vorhanden. Sie verknüpft Informationen aus verschiedenen Quellen und schafft durch deren fortlaufende Aktualisierung eine wachsende, möglichst umfassende Informationsplattform.

Ausgehend von diesen Daten findet eine Vermittlungsarbeit auf verschiedenen Ebenen statt: vom Aufbau einer Projektbibliothek mit Sekundärliteratur über die Präsentation auf Messen und bei Ausstellungen bis hin zur Erstellung von Bildungsmaterialien für den Schulunterricht. Im Zentrum der Arbeit steht der Wunsch, einen Beitrag leisten, um den bisherigen Weg der Erinnerungskultur zu stärken, weiterzuentwickeln und so dafür zu sorgen, dass etwas Derartiges nie wieder geschehen kann.

Zum Aufbau des vorliegenden Buches

Während in vielen Ländern die Meinungsfreiheit bedroht ist und wir allerorts einen gesellschaftlichen Rechtsruck beobachten können, lohnt ein tieferer Blick auf Hintergründe und Umstände der NS-Bücherverbrennungen. Kurz nach der Machtergreifung der Nationalsozialisten legte sich ihr Schatten auf die darauffolgenden Ereignisse einer dreizehnjährigen Gewaltherrschaft. Heute, neunzig Jahre nach den Ereignissen von 1933, wollen wir mit diesem Buch verschiedene Facetten davon beleuchten.

Im Mittelpunkt des Buches befinden sich die Orte der nationalsozialistischen Bücherverbrennungen, im Wortsinn, denn selten erinnert heute etwas an die Scheiterhaufen, auf denen die Gedanken derer verbrannt wurden, die man einige Jahre später in den Konzentrationslagern ermordet hatte. Eine fotografische Auswahl von Orten wirft stellvertretend für die über 160 heute bekannten Bücherverbrennungen die Frage auf: Betrachten wir die Orte anders, wenn wir wissen, was dort passiert ist?

Ergänzt um Hintergrundinformationen und historische Zeugnisse soll das Buch einen Einblick in die Unterschiedlichkeit der Geschehnisse des Jahres 1933 geben. Wir haben uns explizit für eine Auswahl von 60 Orten entschieden, um zu verhindern, dass der Eindruck einer Vollständigkeit entsteht. Die letzten Jahre unserer Projektarbeit haben gezeigt, dass sich bei genauerem Blick viele bis dato unbekannte Verbrennungen ermitteln lassen, wir also von einer großen Dunkelziffer ausgehen müssen. Schon bei Drucklegung hätte dieses Buch damit an Aktualität eingebüßt. Dessen ungeachtet zeigt die von uns erstellte Deutschlandkarte sämtliche uns bis heute (Februar 2023) bekannten Bücherverbrennungen. Wohl wissend, dass es auch jenseits der Oder-Neiße-Linie 1933 schon Bücherverbrennungen gab, haben wir uns aus gegebenem Forschungsstand bewusst auf die heutigen Grenzen Deutschlands beschränkt.

An vielen Orten fehlt immer noch, auch neunzig Jahre später, eine sichtbare und permanente Erinnerung an die damaligen Ereignisse. Wir wollen diesen Orten ein Gesicht geben und laden ein, sich mit der „Alltäglichkeit“ der verbrannten Orten zu beschäftigen.

Die fotografische Ausstellung der Orte im Kern des Buches wird von den Textbeiträgen gleichsam als einführende und reflektierende Klammer gehalten, um die verschiedenen Facetten der NS-Bücherverbrennungen zu beleuchten und den Einstieg in das Thema zu erleichtern.

Werner Treß beschreibt im seinem Beitrag die historischen Hintergründe, regionalen Besonderheiten und unterschiedlichen Akteure×, die zu den Verbrennungen führten. Er zeigt drei Phasen auf, in die sich die Verbrennungen kategorisieren lassen.

Sylvia Asmus konzentriert sich auf Autor*innen, die, verfolgt von den Nationalsozialisten, ins Exil flohen. Sie gibt einen Überblick über Biografien und Akteure einer Generation von Schriftsteller*innen, die noch lange mit ihren Exilerfahrungen konfrontiert waren.

Andrea Voss porträtiert fünf Autor*innen, deren Bücher von den Nazis auf den Scheiterhaufen verbrannt wurden. Es ist eine exemplarische Auswahl, analog zu den Orten.

John Steinmark wirft einen fragenden Blick auf die Erfahrungen, die wir aus den Geschehnissen von 1933 für unsere heutige Demokratie ziehen können und müssen.

Ergänzend wurde von den Buchautor*innen eine Liste mit Literaturempfehlungen zusammengestellt; weiterführend möchten wir auch auf unseren fortlaufend aktualisierten Onlineatlas unter *verbrannte-orte.de* verweisen.

Ein herzlicher Dank gilt unseren Autor*innen für ihre wertvollen Beiträge und allen Unterstützer*innen der letzten elf Jahre, ohne die dieses Buch nicht hätte realisiert werden können.

* Wir bemühen uns in diesem Sammelband um eine geschlechtersensible Schreibweise. Aus unserer Sicht ist dies allerdings bei historischen Gruppenbezeichnungen schwierig. Deswegen haben wir uns dazu entschieden, diese auf Täterseite nicht zu gendern, um offen misogyne, homophobe, transfeindliche, männerbündische wie auch patriarchalische Strukturen nicht retrospektiv zu überblenden. Aufseiten der Betroffenen haben wir Gruppenbezeichnungen gegendert, um nicht die stereotypen Bezeichnungen der Täter zu übernehmen. Wir wissen um die diesbezügliche Schwierigkeit und Vielschichtigkeit und hoffen, mit dieser Vorgehensweise eine möglichst sensible und historisch gerechte Lösung gefunden zu haben.

Jan Schenck

Die Bücherverbrennungen 1933

Hintergründe, Betroffene und Phasen

Die Bücherverbrennungen des Jahres 1933 markieren ein Fanal, mit dem die Zerstörung einer wissenschaftlich und kulturell herausragenden Blütezeit durch die Nationalsozialisten vollzogen wurde. Mit den Büchern gingen auch die Hoffnungen und Errungenschaften einer der Freiheitsidee verpflichteten und sich als demokratisch und vielfältig verstehenden Gesellschaft, wie sie vom Geist der Paulskirchenverfassung 1849 getragen und mit der Novemberrevolution des Jahres 1918 endlich auf den Weg gebracht worden waren, in Flammen auf. Vor dem Auge der Weltöffentlichkeit und unübersehbar für die deutsche Bevölkerung offenbarten die Nationalsozialisten im Feuerschein zentraler Straßen und Plätze den Geist der Vernichtung, der ihrer politischen Weltanschauung innewohnte. Ein Geist, der in den Folgejahren weite Teile Europas in Asche legen, Millionen Menschenleben fordern und in der Ermordung der europäischen Juden seine schrecklichsten Ausmaße erreichten sollte.

Allein in den Abendstunden des 10. Mai 1933 brannten in 22 deutschen Hochschulstädten die Scheiterhaufen. Unter lärmenden Schmährufen warfen Studenten in SA- und SS-Uniformen die Werke von Kurt Tucholsky, Heinrich Mann, Anna Seghers und zahlreichen weiteren Schriftsteller*innen, Publizist*innen und Wissenschaftler*innen ins Feuer. Von über 400 Autor*innen lässt sich heute nachweisen, dass ihre Werke von den Bücherverbrennungen 1933 betroffen waren.

Die Aktion „Wider den undeutschen Geist“

Die Bücherverbrennungen vom Mai 1933 sind heute, neunzig Jahre danach, in der kollektiven Erinnerung am präsentesten geblieben. Sie bildeten den Höhenpunkt der reichsweiten

Aktion „Wider den undeutschen Geist". Dabei handelte es sich um eine vierwöchige, generalstabsmäßig geplante und durchgeführte Kampagne mit dem Ziel der Vertreibung der deutsch-jüdischen und kritischen Intelligenz vor allem aus den Universitäten.

Am 13. April 1933 lief sie an: An allen Hochschulorten des Reiches wurde das Plakat „Wider den undeutschen Geist" aufgehängt. Darauf in roten Lettern die Positionen und Ziele: „Sprache und Schrifttum wurzeln im Volke", lautete die erste der insgesamt zwölf Thesen. Durch die vierte These: „Unser gefährlichster Widersacher ist der Jude, und der, der ihm hörig ist" wurde das antisemitische Leitmotiv herausgestellt. Mit der zwölften These wurde das wichtigste Ziel neben der „Säuberung der Bibliotheken", nämlich die Vertreibung der deutsch-jüdischen und NS-kritischen Intelligenz an den Hochschulen, benannt: „Wir fordern die Auslese der Studenten und Professoren nach der Sicherheit des Denkens im deutschen Geiste."

Am 19. April wurde die Aktion sogar noch verschärft: Die organisierte Studentenschaft rief zum Boykott jüdischer und andersdenkender Lehrbeauftragter auf. Dozenten, „die Juden sind oder kommunistischen Organisationen bzw. dem Reichsbanner u. ä. angehört haben", sollten denunziert werden. Die öffentliche Hetzjagd ging so weit, dass an den Hochschulen in Königsberg, Rostock, Münster und Dresden zwei Meter hohe „Schandpfähle" errichtet wurden, an die man die Namen der betroffenen Professoren und verfemte Bücher mit Nägeln anschlug.

Parallel zum studentischen Boykott verfügte der preußische Kultusminister Bernhard Rust die Entlassung zahlreicher Professoren. Nobelpreisträger und Wissenschaftler*innen von Weltruf; Fritz Haber, James Franck, Max Born oder Emmy Noether wurden entlassen oder legten aus Protest ihre Lehrämter nieder. Rust begründete seinen Kahlschlag damit, studentischen Ausschreitungen an den Hochschulen vorbeugen zu wollen. Tatsächlich gewährte er den NS-Studenten einen ‚Freifahrtschein': Waren sie vor 1933 mitunter noch für ihre gewalttätigen Kampagnen etwa gegen den Heidelberger Mathematikprofessor und kritischen Publizisten Emil

Julius Gumbel disziplinarisch in die Schranken gewiesen worden, so wurden solche Strafen am 19. April 1933 per ‚Amnestieerlass' kassiert. Auf diese Weise griffen die Gesetze und Erlasse der NS-Regierung und der politische Terror der Studenten wie Zahnräder ineinander, was die Machtdurchsetzung des Nationalsozialismus in den bis dahin traditionell konservativ geprägten Hochschulen beschleunigte.

Anfang Mai 1933 setzte reichsweit die Sammelaktion der zur Verbrennung bestimmten Bücher ein. Die Reichsführung der „Deutschen Studentenschaft" hatte festgelegt, dass im Vorfeld der Bücherverbrennungen die Bestände in Stadt- und Volksbüchereien, privaten Leihbüchereien, Buchhandlungen und Privatbibliotheken durchsucht werden sollten. Ausdrücklich ausgenommen wurden die Staats- und Universitätsbibliotheken, obgleich die Studentenschaften zum Beispiel in Kiel und Braunschweig sich nicht daran hielten.

Die verbrannten Bücher

Welche Bücher sollten jedoch verbrannt werden? Mit dieser Frage waren die studentischen Akteure überfordert und holten sich den sachverständigen Rat eines ihrer Bündnispartner ein. Aus den Reihen des „Verbandes Deutscher Volksbibliothekare" wurde Anfang April 1933 ein „Ausschuss zur Neuordnung der Berliner Stadt- und Volksbüchereien" gebildet. Die Federführung im Ausschuss übernahm Wolfgang Herrmann. Gemeinsam mit den Berliner Stadtbibliothekaren Max Wieser und Hans Engelhard erstellte Herrmann zunächst ein Neun-Punkte-Papier mit dem Titel „Grundsätzliches zur Anfertigung von Schwarzen Listen". Darin wurde festgelegt, dass die Kriterien der „Schwarzen Listen" „literaturpolitischer Natur" sein sollten. Es gelte „die fundamentale, für jede politische Entscheidung notwendige Vorfrage: Wer ist der eigentliche Feind? Gegen wen richtet sich der Kampf?" Im Wesentlichen richteten sich die „Schwarzen Listen" gegen folgende Literaturrichtungen: 1. Bücher von Autor*innen jüdischer Herkunft (z. B. Joseph Roth, Schalom Asch, Jakob Wassermann, Lion Feuchtwanger oder Max Brod); 2. marxistische Schriftsteller*innen und Theoretiker*innen (z. B. Anna Seghers, Ernst Toller, Karl Grünberg, Rosa Luxemburg, Karl Korsch, Georg Lukacs oder Fritz Sternberg), hierzu zählten auch sowjetische Autor*innen wie Maxim Gorki, Alexandra Kollontai, Sergei Tretjakow oder Lenin, Leo Trotzki, Anatoli Lunatscharski; 3. pazifistische Autor*innen, die sich gegen Krieg engagierten oder die Heroisierung des Ersten Weltkrieges anzweifelten (z. B. Bertha von Suttner, Ludwig Quidde, Friedrich Wilhelm Förster, Adrienne Thomas, Erich Maria Remarque); 4. sogenannte Autor*innen der Großstadt, die von den Nazis als „Asphaltliteraten" diffamiert wurden (z. B. John Dos Passos und Alfred Döblin); 5. moderne französische und amerikanische Autor*innen (z. B. André Gide, Henri Barbusse, Ernest Hemingway, Upton Sinclair, Jack London); 6. Feministinnen und Autorinnen, deren Werke das traditionelle weibliche Rollenverständnis infrage stellten (z. B. Hilde Lion, Anna Blos, Louise Schroeder, Irmgard Keun, Christa Anita Brück, Gina Kaus); 7. kritische Publizist*innen und Journalist*innen (z. B. Theodor Wolff, Georg Bernhard, Carl von Ossietzky); 8. progressive Wissenschaftler*innen (z. B. Sigmund Freud, Magnus Hirschfeld, Paul Tillich); 9. Sozialdemokrat*innen und Gewerkschafter*innen (z. B. August Bebel, Ferdinand Lassalle, Gustav Radbruch, Fritz Naphtali, Siegfried Aufhäuser, Otto Suhr); 10. Vertreter*innen des politischen Liberalismus (z. B. Hugo Preuß, Walther Rathenau, Theodor Heuss). Schwerer einordnen lassen sich Autoren wie Waldemar Bonsels, Hanns Heinz Ewers und Max Barthel, die 1933 wegen einzelner ihrer älteren Buchtitel ebenfalls auf die „Schwarzen Listen" gesetzt wurden, obwohl sie sich inzwischen offen zum Nationalsozialismus bekannten.

Liest man jenseits der „Schwarzen Listen" die Zeitungsberichte von den mittlerweile weit über 150 nachweisbaren Bücherverbrennungen, die 1933 deutschlandweit stattfanden, so findet sich einiges Überraschendes. In Düsseldorf, der Geburtsstadt Heinrich Heines, verbrannte die Hitler-Jugend bereits am 11. April 1933 dessen Gedichtband *Romanzero*. In Berlin, so berichtete der *Würzburger Generalanzeiger* am 6. Mai 1933, brannten seit Tagen auf den Schulhöfen die Scheiterhaufen:

„Bei der Sichtung der Schulbibliotheken wurde u. a. festgestellt, dass die berüchtigte Karl-Marx-Schule in Neukölln 18 Exemplare von Boccaccios Decameron (!!) in ihrer Schulbibliothek hatte, die bei ihrer Entfernung sehr reichen Gebrauch zeigten."

Und in Offenbach am Main verbrannte am 17. Juni 1933 der „Kampfbundes für deutsche Kultur" die „Relativitätstheorie" von Albert Einstein. Weder Heine noch Boccaccio oder Albert Einstein standen auf den „Schwarzen Listen" von Wolfgang Herrmann. Dennoch wurden ihre Werke 1933 verbrannt.

So waren die „Schwarzen Listen" für die studentischen Stoßtrupps nur eine grobe Richtschnur, als sie im Vorfeld des 10. Mai 1933 deutschlandweit Buchhandlungen und Leihbüchereien heimsuchten und ihrer wertvollen Buchbestände beraubten. Die öffentlichen Stadt- und Volksbüchereien wurden dazu angehalten, ihre Bestände selbst zu „säubern" und die ausgesonderten Bücher den Studentenschaften zur Verbrennung zu übergeben.

Das ganze Ausmaß der Brutalität der Büchersammelaktion wurde am 6. Mai in Berlin sichtbar, als Studenten der „Hochschule für Leibesübungen" das vom deutsch-jüdischen Arzt und Sexualforscher Magnus Hirschfeld gegründete „Institut für Sexualwissenschaft" stürmten und ausplünderten. Das weltweit einzigartige Archiv und die über zehntausend Bände umfassende Bibliothek aus Hirschfelds Institut wurden vier Tage später zu einem Großteil auf dem Berliner Opernplatz verbrannt.

Die Akteure

Entgegen der lange verbreiteten These, Joseph Goebbels sei der Urheber der Bücherverbrennungen gewesen, sind die Historiker*innen sich inzwischen darüber einig, dass die „Deutsche Studentenschaft" als Dachverband der damals bereits vom NS-Studentenbund dominierten Einzelstudentenschaften die Gesamtaktion gleichsam im Alleingang durchgeführt habe. Diese These hat bis heute Gültigkeit, muss in ihrer

Absolutheit jedoch ebenfalls korrigiert werden. Die Reichsführung der „Deutschen Studentenschaft" war nämlich weder willens noch in der Lage, eine derart umfassende Kampagne allein zu organisieren. Von Anfang an wurde auf die Mithilfe staatlicher Institutionen und vor allem der NS-Parteiorganisationen gesetzt. Und die kam auch: vom Preußischem Kultusministerium, vom Reichspropagandaministerium, von den Polizeibehörden, von der SA, SS, HJ, den Burschenschaften, vom „Kampfbund für deutsche Kultur", von Volksbibliothekaren und von Professoren mit NSDAP-Parteibuch oder Ambitionen darauf. Nur vor dem Hintergrund dieses Netzwerkes ist die Schlagkraft der Aktion „Wider den undeutschen Geist" und das deutschlandweite Ausmaß der Bücherverbrennungen erklärbar. Betrachtet man die Akteure der zahlreichen Bücherverbrennungen nach dem Mai 1933, so geraten weitere Verbände und Organisationen wie die Nationalsozialistischen Betriebszellenorganisationen (NSBO), der Deutschnationale Handlungsgehilfen-Verband (DHV) und in einigen Orten auch kirchliche Jugendbünde in den Blick. Wichtig ist die Erkenntnis, dass der aktive Part der Bücherverbrennungen von Vertretern der jungen „Generation des Unbedingten" (Michel Wildt) getragen wurde. Die Scheiterhaufen umringten Angehörige jener Geburtenjahrgänge, die wenige Jahre später begeistert für das NS-Regime in seine Angriffskriege zogen. Einige von ihnen, darunter Karl Gengenbach (Organisator der Bücherverbrennung in München), Gustav Adolf Scheel (Organisator der Bücherverbrennung in Heidelberg) oder Martin Sandberger (Leiter des Kampfausschusses „Wider den undeutschen Geist" in Tübingen) machten steile Karrieren in der SS sowie im Reichssicherheitshauptamt und wurden veritable Kriegsverbrecher und Massenmörder.

Phasen der Bücherverbrennungen

Für den Zeitraum von März bis November 1933 können drei Phasen von Bücherverbrennungen unterschieden werden. Zusätzlich zu den studentischen Bücherverbrennungen der Aktion „Wider den undeutschen Geist" lassen sich dabei weitere ortsübergreifende Bücherverbrennungsaktionen feststellen, die hauptsächlich von der Hitlerjugend durchgeführt wurden.

In der *ersten Phase* (März bis April 1933) handelte es sich überwiegend um Bücher-, Zeitungs- und Fahnenverbrennungen, die im Kontext des politischen Terrors und der Erstürmungen von sozialdemokratischen Partei- und Verlagshäusern durch die SA und SS einzuordnen sind. Nach dem Sieg der Regierung Hitlers bei den nicht mehr unter rechtsstaatlichen Bedingungen abgehaltenen Reichstagswahlen am 5. März 1933 ging die NSDAP systematisch und flächendeckend dazu über, die noch verbliebene politische Opposition in Deutschland zu zerschlagen. Gezielt wurde vor allem der SPD, der KPD und den Gewerkschaften die organisatorische Basis genommen, indem die SA und SS deren Partei-, Verlags- und Gewerkschaftsgebäude angriffen und besetzten. Auf äußerst brutale Weise wurden dabei Sozialdemokraten, Gewerkschafter und Kommunisten verhaftet, zusammengeschlagen, gefoltert und ermordet. Die Inneneinrichtungen der besetzten Gebäude, die häufig über wertvolle Zeitungs- und Buchdruckereien verfügten, wurden verwüstet oder vollständig zerstört. Insbesondere in den sozialdemokratischen Partei- und Verlagshäusern waren neben den Hausbibliotheken in den Erdgeschossen häufig auch Buchhandlungen untergebracht. Deren Buchbestände wurden von der SA und SS entweder geraubt oder noch im Zuge der Besetzungsaktion auf die Straße geworfen und verbrannt. Es handelte sich also eher um spontane Bücherverbrennungen, die nicht eigens als solche geplant waren, sondern als Begleiterscheinung der Besetzungsaktionen auftraten und bei denen meistens auch Fahnen, Parteisymbole, Flugblätter, Akten oder Möbel aus den geplünderten Gebäuden mit verbrannt wurden. Eine spezifizierte Anfeindung bestimmter Buchtitel oder Autor*innen stand hierbei noch nicht im Vordergrund. Vielmehr kann man davon ausgehen, dass die von den Stoßtrupps der SA und SS bei den Besetzungen der Partei-, Verlags- und Gewerkschaftsgebäude vorgefundenen Buchbestände summarisch der politischen Richtung ihrer Besitzer zugeschrieben und als solche verbrannt wurden. Als ein typisches Fallbeispiel dieser ersten Phase kann die Bücherverbrennung bei der Erstürmung des Braunschweiger Volksfreund-Hauses am 9. März 1933 gelten. Ein besonderes Beispiel stellt demgegenüber die Verbrennung von Büchern auf dem Laubenheimer Platz in Berlin am 15. März 1933 dar, die im Rahmen einer großangelegten Verhaftungsaktion bei der Erstürmung einer Künstlerkolonie in Berlin-Wilmersdorf durch die SA und Bereitschaftspolizei stattfand. Für die Monate März und April 1933 sind deutschlandweit weitere Bücherverbrennungen nachweisbar, die so wie etwa in Kaiserslautern (25. März), Wuppertal (1. April) oder im brandenburgischen Luckenwalde (7. April) meist von der Hitlerjugend organisiert wurden.

Die *zweite Phase* (Mai 1933) bezeichnet hauptsächlich die Bücherverbrennungen der erwähnten Aktion „Wider den undeutschen Geist“, die vor allem durch den Film- und Tonmitschnitt vom Berliner Opernplatz am 10. Mai 1933 im kollektiven Gedächtnis präsent geblieben sind. Neben den studentischen Bücherverbrennungen in deutschen Hochschulstädten ist für den Mai 1933 noch eine weitere ortsübergreifende Bücherverbrennungsaktion nachweisbar, die begrenzt auf das damalige Reichland Bayern von der Hitlerjugend organisiert wurde. Unter dem Motto „Nie wieder Marxismus“ hatte der Bayerische HJ-Führer Emil Klein die ihm unterstehenden örtlichen Gliederungen dazu aufgerufen, rund um den 7. Mai 1933 vor Ort jeweils eine „großzügige Kundgebung“ abzuhalten und dabei „jeweils eine Bücher- und Schriftenverbrennung jeglichen marxistischen, pazifistischen und demokratischen Schrifttums“ durchzuführen. Sowohl der Aufruf zu diesen Kundgebungen der HJ in Bayern als auch die Bücherverbrennungen selbst sind im Zusammenhang mit der zeitgleich stattfindenden Aktion „Wider den undeutschen Geist“ zu sehen, auch wenn Emil Klein offenbar eilfertig versuchte, mit seiner Initiative dem zentral von der „Deutschen Studentenschaft“ vorgegebenen Termin am 10. Mai 1933 noch zuvorzukommen.

Die *dritte Phase* der Bücherverbrennungen in Deutschland schloss sich direkt an die Aktion „Wider den undeutschen Geist“ an und umfasst den Zeitraum von Ende Mai bis November 1933. Innerhalb dieser dritten Phase heben sich zwei eigenständige und ortsübergreifende Bücherverbrennungsaktionen von den übrigen Verbrennungsorten ab. Bei der ersten dieser Aktionen handelt es sich um Bücherverbrennungen, die alle unter dem Motto „Für Deutsche Geistigkeit und Kultur“ am 19. Mai 1933 auf Schulhöfen in der preußischen Rheinprovinz stattfanden. Angeordnet vom Oberpräsidenten der Rheinprovinz Hermann von Lüninck und veranstaltet von der Hitlerjugend, wurden die Schulleiter angewiesen, ihre Schüler*innen vom Unterricht zu befreien, damit diese als „undeutsch“ und „zersetzend“ gebrandmarkte Bücher, die den Schüler*innen durch die Lehrerkollegien aus den jeweiligen Schulbibliotheken auszuhändigen waren, bei einem Appell auf dem Schulhof verbrennen konnten.

Bei der zweiten ortsübergreifenden Aktion handelt es sich um die Bücherverbrennungen der „Kampfwoche gegen Schmutz und Schund“, welche vom HJ-Führer Friedhelm Kemper auf dem Gebiet des Reichslandes Baden initiiert wurden. Die meisten dieser Bücherverbrennungen wurden zum Abschluss der „Kampfwoche“, welche von „Säuberungen“ in Buchhandlungen und Büchereien geprägt war, am 17. Juni 1933, aber auch in den Tagen und Wochen danach durchgeführt. In die dritte Phase ist noch eine Reihe weiterer Bücherverbrennungen einzuordnen, die nach aktuellem Kenntnisstand keiner ortsübergreifenden Aktion zuzurechnen, sondern auf Initiativen entsprechender Akteure vor Ort zurückzuführen sind. Auffällig ist jedoch die häufig auftretende zeitliche Nähe zu den sogenannten Sonnenwendfeiern um den 21. Juni 1933.

Anders als die eher spontan durchgeführten Bücherverbrennungen der ersten Phase, die als Begleiterscheinungen des verstärkten politischen Terrors im Nachgang der Reichstagswahlen von 5. März 1933 auftraten, verliefen die Bücherverbrennungen der zweiten und dritten Phase nach einem ähnlichen Ritual. Den Verbrennungen voraus ging meistens ein Fackelzug, in dem die beteiligten Organisationen durch die zentralen Straßen des jeweiligen Ortes zum Verbrennungsplatz zogen. Dort angekommen, wurden sogenannte Feuerreden gehalten, wobei im Falle der studentischen Bücherverbrennungen Funktionäre des NS-Studentenbundes und Professoren als Redner auftraten. Dann erfolgte die Verbrennung der Bücher, die entweder unter Ausrufung von „Feuersprüchen" in einen brennenden Holzstoß geworfen wurden oder selbst zu einem Scheiterhaufen aufgeschichtet und entzündet wurden. Vor dem brennenden Scheiterhaufen wurden dann weitere Reden gehalten und Lieder gesungen, wobei das „Horst-Wessel-Lied", „Volk ans Gewehr", „Flamme empor", „Burschen heraus" und die erste Strophe des „Deutschlandliedes" am häufigsten gesungen wurden. In der regionalen und überregionalen Presse wurde in den Folgetagen meistens ausführlich über die jeweilige Bücherverbrennung berichtet.

Historischer Stellenwert der Bücherverbrennungen

Während die Aktion „Wider den undeutschen Geist" seit der Veröffentlichung der Studie von Gerhard Sauder 1983 relativ gut erforscht wurde, blieb lange Zeit unberücksichtigt, dass die NS-Bücherverbrennungen keine bloß temporär auf die Tage um den 10. Mai 1933 beschränkte und räumlich auf die Hochschulorte begrenzte Erscheinung waren. Inzwischen ist belegt, dass zwischen März und November 1933 auf dem Gebiet des damaligen Deutschen Reiches weit über 150 Bücherverbrennungen stattfanden. Dabei bilden die studentischen Bücherverbrennungen im Rahmen der Aktion „Wider den undeutschen Geist" zwar einen Schwerpunkt, machen mit rund dreißig Bücherverbrennungen jedoch nur einen Bruchteil des zu betrachtenden Gesamtphänomens aus.

Vielerorts waren die ‚Autodafés' ein symbolischer Schlussstein derjenigen Maßnahmen und Ereignisse, mit denen in den Wochen und Monaten zuvor die neuen politischen Machtverhältnisse von der zentralstaatlichen auf die kommunale Ebene übertragen wurden. Dabei ging es keineswegs nur um den symbolischen Gehalt der Verbrennungsakte. Dieser war nämlich stets mit einer materiellen Vernichtung verbunden. Schließlich handelte es sich bei den betroffenen Büchern um öffentliches oder privates Eigentum. Hinzu kommt, dass der Begriff Bücherverbrennung in den meisten

Fällen die tatsächlich durchgeführten Vernichtungsakte nur unzureichend beschreibt. Bei näherer Betrachtung der zahlreichen von den örtlichen Scheiterhaufen erhaltenen Fotografien fällt auf, dass die örtlichen Veranstalter ihre Scheiterhaufen oft mit großem Aufwand ausstaffierten. Neben Wahlplakaten, Schildern, Bildern, Schallplatten und Büsten sind oft Fahnen und Wimpel auf den Scheiterhaufen zu sehen. Schwarz-rot-goldene Fahnen, die drei Pfeile der SPD- und gewerkschaftsnahen „Eisernen Front" und Symbole des „Roten-Frontkämpferbundes" sind ebenso zu erkennen wie Plakate, die sich durch die groß gedruckten Ziffern 2 oder 3 als Wahlkampfmaterial der SPD (Liste 2) beziehungsweise KPD (Liste 3) zu den Reichstagswahlen vom 5. März 1933 zuordnen lassen.

Insbesondere die zusätzliche Verbrennung von Parteisymbolen zeigt, dass es sich bei den Bücherverbrennungen nicht nur um eine kulturpolitische Säuberungsaktion handelte. Die brennenden Scheiterhaufen waren vielmehr das Ergebnis der Zerschlagung des gesamten Spektrums der Opposition gegen den sich stabilisierenden NS-Staat in Kultur, Wissenschaft und Politik. Auf diese Weise stehen die Bücherverbrennungen 1933 historisch gesehen nicht nur für sich selbst. Sie markieren vielmehr das komplexe Wirkungsgefüge zwischen den deutschlandweiten und regionalen Aspekten des NS-Machtdurchsetzungsprozesses im Zeitumbruch des Jahres 1933 und machen vor Ort die Dynamik der Ereignisse, die den Bücherverbrennungen vorausgingen, sichtbar.

Werner Treß

Betrachten wir Orte anders,

wenn wir wissen,
was dort geschehen ist?

Jedes Kreuz steht für einen Ort, an dem zumindest eine nationalsozialistische Bücherverbrennung stattfand. Im Folgenden werden die rot markierten Orte gezeigt.

Aufnahmen von
Jan Schenck

Dresden I

7. März 1933
Große Meißner Straße
Gedenkort: Nein

Am 7. März 1933 plünderten SA-Mannschaften die Volksbuchhandlung in der Großen Meißner Straße und verbrannten „ihre Beute" auf der Straße. Der Buchhändler und Anarchist Richard Bellmann wurde vermutlich vorher gewarnt und konnte große Teile seines Bestandes in Kohlesäcken versteckt aus dem Laden schmuggeln und so vor der Verbrennung bewahren.

Ginkgo Apotheke
70m Schweriner Straße
9 JAHRE
MYTHOS PALACE
SPECIAL 9 TAGE
DJ DIVINITY
KORSIKA
1953!

Die Wahlen zum Reichstag am 5. März waren in Dresden vom Straßenterror der SA und von schonungsloser Propaganda der NSDAP gekennzeichnet. Am 8. März, nur wenige Tage nach der Wahl, stürmten SA-Standarten mehrere Gebäude in Dresden – unter anderem das Verlagshaus der *Dresdener Volkszeitung* am Wettiner Platz. Nach der Besetzung des Gebäudes schleppten sie die sozialdemokratische Literatur, weitere Druckschriften und Symbole auf den Wettiner Platz und verbrannten sie im Beisein einer großen Menschenmenge.

Dresden II

8. März 1933
Wettiner Platz
Gedenkort: Ja

„Dann holte die SA aus dem sozialdemokratischen Verlagsgebäude die dort aufgestapelte Parteiliteratur, namentlich Broschüren, Flugblätter, Plakate sowie einige rote Fahnen heraus, schichteten daraus einen hohen Scheiterhaufen auf dem Wettinerplatz auf und entzündeten diesen."

— *Dresdener Nachrichten* (9.3.1933)

Zwickau

8. März 1933
Bosenstraße
Gedenkort: Nein

Am 8. März wurde das Verlagsgebäude des *Volksblattes* mit Bibliothek und Druckerei von der SA gestürmt. Druckerei und Bibliothek wurden zerstört. Einen großen Teil der Bücher warfen die SA-Leute aus dem Fenster in den Hof.

Hans Käsberg, der über der Druckerei wohnte, berichtet: „Die Bilder dieses Ereignisses sind mir noch immer in Erinnerung, war doch der Hof der Treffpunkt und Spielplatz für alle Kinder der zwei Häuser. [...] Nachdem die Truppe die Wohnung verlassen hatte, überwanden die beiden älteren Geschwister mit meiner Mutter ihre Furcht und begaben sich zum Treppenaufgang, wo man durch ein Fenster auf den großen Hof des Gebäudes sehen konnte. Sie berichteten dann, dass es dort ein Feuer gab, wo die SA alles, was brennbar war, hineinwarf."

Fritz Käsberg, der Onkel von Hans Käsberg, berichtet: „Kurze Zeit danach standen die Nazis vor dem Grundstück des Sächsischen Volksblattes in der Bosenstraße. Es war wie in Plauen. Die SA-Leute waren mit geladenen Karabinern und drei Maschinengewehren bewaffnet. An der Spitze standen der Spielmannszugführer Herr und der Nazibürgermeister Schönfelder."

WIR
WARTEN
AUF
EUCH

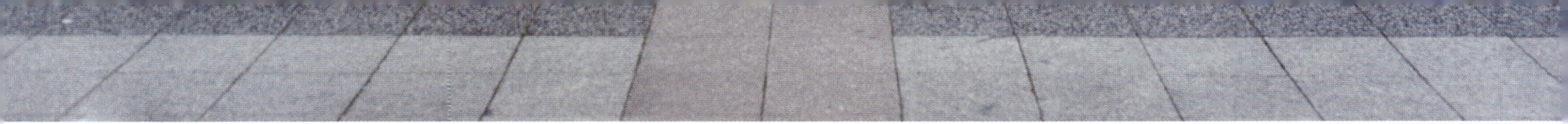

Bielefeld

9. März 1933
Rathausplatz
Gedenkort: Nein

Mehrere tausend Menschen nahmen an einer Fahnenverbrennung vor dem Bielefelder Rathaus teil. Daran anschließend wurde noch die „unter der Herrschaft der SPD verbreitete Schundliteratur“ verbrannt.

Braunschweig

9. März 1933
Ackerhof
Gedenkort: Nein

„Bis in den späten Abend loderten die Flammen und der Wind trieb die Asche der verbrannten Gegenstände hoch in die Luft und in die benachbarten Straßen."
— *Braunschweiger Neuste Nachrichten* (10.3.1933)

Kurz nach den Wahlen im März 1933 eskalierte die Gewalt in Braunschweig. Am 9. März besetzten SS-Männer das Volksfreundhaus, in dem der sozialdemokratische *Braunschweiger Volksfreund* gedruckt wurde und in dem sich auch die Geschäftsräume der SPD sowie einiger Gewerkschaftsverbände befanden. Das Haus war seit Jahren das Herz der Braunschweiger Arbeiterbewegung. Die bewaffneten SS-Leute stürmten das Gebäude und zerstörten und plünderten die Einrichtung. Bei dieser Aktion wurde der Kaufmann Hans Salle erschossen. Die Männer schleppten sozialdemokratische Zeitungen, Druckschriften und Bücher auf den „Ackerhof" und steckten sie in Brand.

Photoautomat
PHOTOGRAPHIERE DICH SELBST !
32
Rechtsanwaltskanzlei
Igor Münter

Leipzig

9. März oder 2. Mai 1933
Vor dem Volkshaus
Gedenkort: Nein

Am 9. März wurde das Leipziger Volkshaus besetzt und verwüstet. Die endgültige Beschlagnahmung erfolgte am 2. Mai. Mehrere undatierte Fotos zeigen die Verbrennung von Büchern, Flugblättern und Akten. Unklar ist bisher, ob die Aufnahmen am 9. März oder am 2. Mai gemacht wurden.

Physiotherapie
Rosenblüte
Physiotherapie
Rosenblüte
KÜHL
Becker Umweltdienste

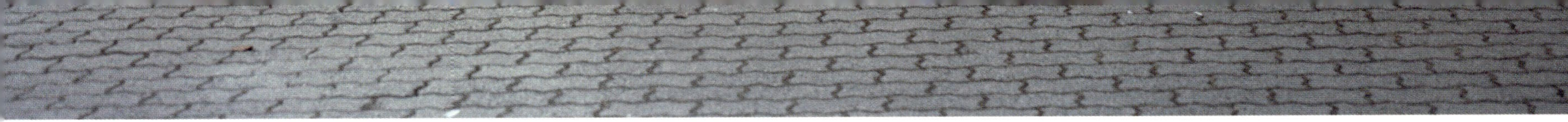

Pirna

9. März 1933
Breite Straße
Gedenkort: Nein

Am 9. März 1933 besetzten die Nationalsozialisten das Volkshaus, welches ab 1900 im Besitz der Arbeiterorganisationen und später der KPD war. Am selben Tag wurden auch die Volksbuchhandlung „Buch und Kunst“ in der Breiten Straße und die über ihr befindlichen Parteibüros der SPD gestürmt und ausgeräumt. Sämtliche inkriminierte Literatur hatte man vor dem Haus aufgetürmt. Anschließend wurden Parteimitglieder von KPD und SPD an den Platz verbracht, damit sie der Verbrennung des Buchbestandes beiwohnten. Die Verbrennung war eine der ersten Bücherverbrennungen, die nicht im Rahmen der Aktion „Wider den undeutschen Geist“ stattfanden.

SPD-Mitglied Hermann Paufler berichtet: „Es dauerte auch nicht lange, da schleppten die [Männer der] SA Bücher, Schreibmaterial und alles andere auf die Straße und brannten es an, darüber herrschte von der anwesenden Bevölkerung große Empörung. Gegen die bewaffnete SA konnte nichts unternommen werden, und so mußte zugesehen werden, wie alles fortschrittliche Material verbrannte.“

Weinheim
Dossenheim
Zentrum
Eberbach
Neckargemünd
Schloss
50
Heidel-bike
damit
rollt's
P
HD JK 1717
HD IV 103

Heidelberg I

11. März 1933
Rohrbacherstraße
Gedenkort: Nein

Die erste Bücherverbrennung in Heidelberg fand schon kurz nach der Machtübernahme der Nationalsozialisten statt. Am 11. März stürmten SA- und SS-Trupps das Gewerkschaftshaus, die Zentrale der Freien Gewerkschaften. Sie beschlagnahmten Akten, Broschüren, Flugblätter und Bücher, warfen alles auf die Straße und verbrannten dort die gesamte inkriminierte Literatur. Ein Foto, das kurz danach in den *Heidelberger Neuesten Nachrichten* erschien, zeigt einige Uniformierte der SA sowie in Zivil gekleidete Männer, die sich um einen Scheiterhaufen scharen.

ZONE
Mo - Sa
8 - 19h
Parken mit blauem
Parkschein erlaubt
KL LE 24

Kaiserslautern

13. März 1933
Lutrinastraße
Gedenkort: Nein

Im Rahmen mehrerer Angriffe auf jüdische und kommunistische Einrichtungen durch die SA wurde auch das Verlagsgebäude der *Freien Presse* gestürmt und verwüstet. Vorgefundene Zeitungen und anderes Inventar wurden auf die Straße geworfen und verbrannt.

„In Kaiserslautern ereigneten sich wieder verschiedene schwere Zwischenfälle. Zunächst wurden an einer Anzahl jüdischer Geschäfte die großen Schaufensterscheiben eingeworfen. Des weiteren wurde in dem Verlagsgebäude der ‚Pfälzischen Freien Presse' die Inneneinrichtung völlig zerstört, teilweise auf die Straße geworfen und auf der Straße angezündet. Der Betrieb der Zeitung ist auf längere Zeit stillgelegt. Die Feuerwehr musste mehrere Male eingreifen. Bei den Vorfällen wurden auch zahlreiche Schüsse abgegeben."

— *Annweiler Tageblatt* (14.3.1933)

Berlin I

15. März 1933
Ludwig-Barney-Platz
(ehemals Laubenheimer Platz)
Gedenkort: Nein

In Berlin kam es 1933 zu mehreren Bücherverbrennungen. Die erste bisher bekannte fand am 15. März in der Künstlerkolonie am Laubenheimer Platz statt. Nach Erstürmung und Durchsuchung wurden beschlagnahmte Bücher und Flugblätter verbrannt.

„In der Künstlerkolonie am Breitenbachplatz, die überwiegend von intellektuellen Kommunisten bewohnt ist, darunter zahlreichen Schauspielern, Journalisten, Schriftstellern, Malern, wurde gestern vormittag unter Beteilligung von Schutzpolizei und Kriminalpolizei eine große Haussuchung abgehalten, die sich in der Hauptsache auf Waffen und hochverräterisches Material erstreckte. Die Polizeiaktion war nachmittags gegen 3 Uhr beendet. Man fand zahlreiche Waffen und große Mengen an Zersetzungsmaterial.“

— *Berliner Morgenpost* (16. 3. 1933)

Wuppertal

1. April 1933
Wesendonkstraße (ehemals Brausenwerth)
Gedenkort: Nein

In Wuppertal kam es zeitgleich zu zwei Bücherverbrennungen. Beide wurden hauptsächlich von Schülern organisiert und besucht. Die Verbrennungen stehen in engem Zusammenhang mit den reichsweiten Boykottaktionen gegen jüdische Geschäfte. Dies ist eine Besonderheit in Wuppertal.

„Auch die Wuppertaler Schüler sind erwacht. Als Propaganda gegen jüdische Greuelhetze im Ausland verbrannten am Samstag sowohl die Schüler Elberfelds wie Barmens ihre Bücher, in denen Juden ihr zersetzendes Gift veröffentlicht hatten. In Barmen trafen sich die einzelnen Schulen, die in Sternmärschen anmarschierten auf dem Rathausvorplatz, in Elberfeld am Brausenwerth. Begeisterte Ansprachen der Schüler zeigten den Geist, der in der Jugend herrscht.“

— *Wuppertaler Zeitung* (4.4.1933)

Magdeburg

5. April 1933
Domplatz
Gedenkort: Nein

„Am Mittwochnachmittag wurde von SS-Abteilungen aus den Räumen der Volksstimme eine Menge beschlagnahmter Broschüren, Bücher, Bilder, Fahnen und dergleichen auf ein Lastauto verladen und zum Domplatz gebracht. Dort war ein Scheiterhaufen errichtet, auf den man die beschlagnahmten Broschüren warf. In Anwesenheit von mehreren Abteilungen der SS und SA wurde nach einer Ansprache von Kreisleiter Krause der Scheiterhaufen in Brand gesetzt: die im weiten Kreise um das Feuer versammelte Menge stimmte in das Horst-Wessel-Lied und das Deutschlandlied ein, das am Schluss der Kundgebung von der SA-Kapelle intoniert wurde."

— *Magdeburgische Zeitung* (6.4.1933)

In der Nacht zum 3. April 1933 stürmte ein fünfzigköpfiges Bataillon der SS (Sturm 1/21) die Druckereiräume der sozialdemokratischen Tageszeitung *Volksstimme*, besetzte und durchsuchte sie. Zahlreiche Schaulustige, die sich vor dem Haus der *Volksstimme* versammelten, wurden von der Schutzpolizei auseinandergetrieben. Die bereits „gleichgeschaltete" *Magdeburgische Zeitung* zitiert in ihrer Meldung vom 4. April 1933 die Pressestelle des Polizeipräsidiums: „Es haben sich keinerlei Anhaltspunkte dafür gefunden, daß in der Druckerei der ‚Volksstimme' illegale Schriften hergestellt wurden. Es wurden u. a. ein größerer Brocken älterer Broschüren, ferner drei Gummiknüppel, ein Karabiner und eine Patronentasche gefunden und beschlagnahmt. [...] Das gesamte Material wurde in einer Kiste nach dem Polizeipräsidium geschafft. Das Gelände wird noch von der Schutzpolizei und der SS besetzt gehalten."

HEINRICH HEINE GEWIDMET

Düsseldorf I

11. April 1933
Vor dem Planetarium
Gedenkort: Ja

Die Düsseldorfer Bücherverbrennung war eine der ersten Verbrennungen mit größerer Inszenierung. Vorausgegangen war am 10. April ein Aufruf in der *Volksparole* durch die HJ. Diese forderte als Organisatorin die Düsseldorfer Jugend auf, sich am 11. April um 20 Uhr vor dem Planetarium einzufinden. Etwa tausend Jugendliche folgten diesem Aufruf, die meisten waren uniformierte Mitglieder der HJ, aber auch eine Gruppe evangelischer Jugendbünde nahm daran teil. Nach einer Ansprache des Bannführers der HJ wurde der Scheiterhaufen mit den Büchern in Brand gesteckt. Der Gaujungendführer zählte einige der betroffenen Autor*innen namentlich auf. Am Ende der Veranstaltung warf ein Hitlerjunge schließlich die schwarz-rot-goldene Fahne, „unter der sich all dieses üble Schrifttum entwickeln durfte", ins Feuer.

Düsseldorf II

2. Mai 1933
Marktplatz
Gedenkort: Nein

Auf einem improvisiert wirkenden kleinen Scheiterhaufen wurden auf dem Marktplatz Bücher, Flugblätter und Fahnen aus den Büros der Gewerkschaften durch die SA verbrannt. Obwohl es ein Foto dieses „Autodafés“ gibt, ist darüber hinaus nichts Genaueres dazu in Erfahrung zu bringen.

Hirschberg

2. Mai 1933
Kirchgasse
Gedenkort: Nein

Nach Stürmung des Gewerkschaftshauses durch SA-Trupps wurden „undeutsche Bücher, Schriften“ und auch Fahnen öffentlich verbrannt. Genaueres ist nicht bekannt.

Bremerhaven

6. Mai 1933
Theodor-Heuss-Platz (ehemals Marktplatz)
Gedenkort: Nein

Am 2. Mai fanden in Bremerhaven mehrere Plünderungen in den Parteibüros von SPD und KPD sowie dem Gewerkschaftshaus Eintracht statt. Die beschlagnahmten Plakate, Fahnen, Flugblätter und Bücher wurden öffentlichkeitswirksam am 6. Mai auf dem Marktplatz verbrannt.

SEKTKELLEREI
SCHLOSS WACHENHEIM

Wachenheim a.d. Weinstraße

6. Mai 1933
Weinstraße (ehemals Marktplatz)
Gedenkort: Nein

„Am Samstag abend fand auf dem Marktplatz eine schlichte Feier der Hitlerjugend, des Jungvolkes und anderer Jugendverbände statt. Nach einer kurzen, aber sinnreichen Ansprache des Bannführers der Hitlerjugend, Fritz Räch, wurden Bücher und Zeitschriften, die zur Vernichtung unserer Jugend beitragen sollten, öffentlich verbrannt. Die Jugend sowie die zahlreichen Erschienenen stimmten dabei begeistert das Horst-Wessel-Lied an. […] Mit einem dreifachen Sieg-Heil auf den Führer Adolf Hitler schloß die Veranstaltung.“

— *Dürkheimer Tageblatt* (8.5.1933)

Bei einer Feier der HJ, des Jungvolks und anderer Jugendverbände wurden Bücher und Zeitschriften, „die zur moralischen Vernichtung“ der Jugend beitragen würden, verbrannt.

Westendstr.
FEUERWEHRZUFAHRT
FLÄCHE FÜR DIE
FEUERWEHR
FREIHALTEN
28
26

Ludwigshafen I

7. Mai 1933
Bahnhofsstraße (ehemals Meßplatz)
Gedenkort: Nein

Im Rahmen einer Jugendkundgebung verbrannte die HJ auf dem Meßplatz am Vormittag „marxistische“ Literatur. Im Anschluss fand eine weitere Kundgebung auf dem Marktplatz statt.

„Auf dem neuen Meßplatz hatten unterdessen einige Mann der HJ einen großen Stapel marxistischer Schundliteratur gestapelt, die aus den städtischen Bibliotheken, Leihbüchereien und Schulbibliotheken entfernt worden waren, um öffentlich verbrannt zu werden. Der Zug erreichte den neuen Meßplatz gegen 11 Uhr und nahm dort zusammen mit der Ludwigshafener Bevölkerung Aufstellung. [...] Mit dem symbolischen Akt der Bücherverbrennung und einem dreifachen Sieg-Heil wurde die große Kundgebung beendet.“

— *Generalanzeiger Ludwigshafen* (8.5.1933)

Bremen

10. Mai 1933
Nordstraße
Gedenkort: Nein

In Bremen gab es im Vorfeld der Bücherverbrennung einige Aufrufe in der örtlichen Presse. Die Kreisgeschäftsstelle der NSDAP fungierte als Annahmestelle für „Schundbücher und Schmutzliteratur“. Die Verbrennung war für den 10. Mai um 21 Uhr auf dem Spielplatz an der Nordstraße angekündigt. Der Scheiterhaufen war, den Fotos nach zu urteilen, relativ klein. Ein am selben Tag abgedruckter, erneuter Aufruf lässt auf Angst vor mangelnder Beteiligung schließen. Auf dem Scheiterhaufen waren Bücher, Zeitschriften, Transparente und Fahnen aufgeschichtet. Obenauf lag eine Puppe in der Uniform der roten Frontkämpfer. Zur Verbrennung versammelten sich in der Dämmerung die HJ, SA, der Stahlhelm, der deutsche Studentenbund und der Kampfbund für deutsche Kultur Niedersachsen. Später wurde von einer „nach Tausenden zählenden Menge“ berichtet.

TRACHTEN

Frankfurt am Main

10. Mai 1933
Auf dem Römer
Gedenkort: Ja

Der Ort der Frankfurter Bücherverbrennung war symbolträchtig gewählt. Die große Inszenierung fand vor dem Rathaus zwischen dem Gerechtigkeitsbrunnen und der alten Nikolaikirche statt. Auf Ochsenkarren wurden die inkriminierten Werke, die in den Wochen zuvor gesammelt wurden, zum Scheiterhaufen gebracht. Professoren, Studenten und SA, angeführt von einer Kapelle der SS, zogen vom Westend in die Innenstadt. Auf dem Weg dorthin wurden viele jüdische Geschäfte passiert. Gegen 21 Uhr kam der Zug auf dem Römerberg an, wo bereits eine große Menge von Schaulustigen wartete. Diese Bücherverbrennung fand im Rahmen der Aktion „Wider den undeutschen Geist“ statt.

Der Zeitzeuge Paul Tillich berichtet: „Wir standen am Fenster des Römer, des alten Krönungshauses deutscher Kaiser. Auf dem mittelalterlichen Platz drängten sich die Massen, zurückgehalten von Braun- und Schwarzhemden. Ein Holzstoß war aufgeschichtet. Dann sahen wir Züge von Fackelträgern aus den engen Straßen hervorquellen, eine unendliche Reihe in studentischen und Parteiuniformen.“

ALBANISCHULE
C
ALBANISCHULE

Göttingen

10. Mai 1933
Albaniplatz (Adolf-Hitler-Platz)
Gedenkort: Ja

Mit 7. April konnten durch eine Änderung des Gesetzes zur Wiederherstellung des Berufsbeamtentums unerwünschte Beamte entlassen werden. Die Umsetzung dieser Maßnahme ließ in der Universität in Göttingen nicht auf sich warten: Mit Semesterbeginn begann die NS-Studentenschaft Vorlesungen jüdischer Professoren systematisch zu stören und zu boykottieren. In diesem Klima entwickelten sich die Vorbereitungen für die Bücherverbrennung am 10. Mai 1933. Der Abend begann mit einer Veranstaltung im Auditorium maximum, wo verschiedene Reden gehalten wurden. Nachdem im Anschluss der Veranstaltung der bevorstehende Verbrennungsakt im Auditorium seine akademischen Weihen erhalten hatte, zog die Studentenschaft zum Albaniplatz.

Dort war schon in den Nachmittagsstunden der Scheiterhaufen errichtet worden. Zunächst hatte man einen Holzstoß aufgeschichtet und dann die Bücher, Zeitschriften, Broschüren und Zeitungen darüber geworfen, bis ein großer Haufen entstanden war. Aus der Spitze ragte ein Stock heraus, an dem ein Schild angebracht wurde. Darauf stand in großen Buchstaben der Name LENIN. Als der Fackelzug auf dem damaligen Adolf-Hitler-Platz, dem heutigen Albaniplatz, vor der Albanischule eintraf, wurde der Scheiterhaufen angezündet.

Volksbank
Fritz
Caféhaus
Marimar
Sparkasse

Greifswald

10. Mai 1933
Marktplatz
Gedenkort: Nein

„Um den im Abendschatten liegenden Marktplatz versammelte sich gestern eine vielköpfige Menschenmenge, um Zeuge zu sein von der Verbrennung der kommunistischen und marxistischen Symbole und volkszersetzenden Schriften und Bücher der ‚Literatur' der letzten 14 Jahre."

— *Greifswalder Zeitung* (11.5.1933)

Schon im April begann die Greifswalder Studentenschaft mit Aufrufen an die Bevölkerung, die Buchregale in Bibliotheken und Buchhandlungen von „undeutschen" Autor*innen zu „säubern". Namentlich genannt wurden dabei unter anderem bekannte Autoren wie Erich Maria Remarque, Lion Feuchtwanger oder Franz Werfel, aber auch weniger bekannte wie Otto Zarek. Auch bei der Greifswalder Aktion fällt die massiv antisemitische Attitüde im Vorfeld auf. Die Bücher wurden bis zum 1. Mai im Studentenhaus gesammelt. Am 10. Mai 1933 fand dann im Rahmen der reichsweiten Aktion „Wider den undeutschen Geist" die Bücherverbrennung auf dem Marktplatz statt. Auf dem Marktplatz nahmen „studentische Vereine und Korporationen, der Stahlhelm in geschlossener Front und SA" nach einem vorhergehenden Fackelzug Aufstellung.

Angelshop
Öffnungszeit
Mo–Fr 15–18 Uhr
Sa 9–13 Uhr

Hann. Münden

10. Mai 1933
Marktplatz
Gedenkort: Nein

Am 10. Mai führte die Mündener Studentenschaft unter dem Leitspruch „Wider den undeutschen Geist“ eine „Reinigungsaktion“ in den Büchereien der Forsthochschule Hann. Mündens und ihrer Institute durch. Ziel war es, den Kampf gegen die „geistige Zersetzung und Verseuchung“ einem „siegreichen Ende“ zuzuführen. SA und Studenten zogen gemeinsam durch die Innenstadt. Auf dem Marktplatz wurde ein Handkarren voll mit „Schmutz- und Schundliteratur“ verbrannt. In der Presse fand diese Aktion wenig Widerhall. In den Jahren danach blieb Hann. Münden ein Hort des Widerstandes. Die Gestapo musste somit 1936 zugeben, dass Hann. Münden nach wie vor „kommunistisch verseucht“ sei.

Hannover

10. Mai 1933
Maschsee
(ehemals Bismarcksäule in den Maschwiesen)
Gedenkort: Ja

„Es ist ein Viehwagen! – Man hätte außer einer Dungkarre kaum ein besseres Gefährt finden können für den Berg Schmutz, der sich darauf häuft. Es ist noch Zeit, schnell einmal heraufzuklettern und einen Blick in die umfangreiche Auswahl an ‚Literatur' zu werfen. Einem Nationalsozialisten kann dabei schlecht werden. Man versucht zu glauben, daß der leise Stallgeruch eigentlich dem Wagen anhaftet, er könnte gerade so gut diesem Haufen Unrat entströmen."

— *Niedersächsische Tageszeitung* (12.5.1933)

Schon Mitte April begannen die Hannoveraner Studenten mit den Vorbereitungen für die Bücherverbrennung im Rahmen der Aktion „Wider den undeutschen Geist". Beginnen wollte man mit einer öffentlichen Plakataktion, anberaumt für den 12. April, bei der die zwölf Thesen „Wider den undeutschen Geist" plakatiert werden sollten. Aufgrund von Verzögerungen im Druck wurde erst zweieinhalb Wochen später, am 2. Mai, plakatiert. Begleitet wurde die Kampagne durch Veröffentlichungen in regionalen Zeitungen. Ort der Bücherverbrennung war die 1903 errichtete Bismarcksäule in den Maschwiesen. Nach einem Fackelzug durch die Stadt wurden die Bücher inkriminierter Autor*innen dort auf einem Scheiterhaufen verbrannt.

Kiel

10. Mai 1933
Wilhelmplatz
Gedenkort: Nein

Schon im Vorfeld der Bücherverbrennung berichteten die Kieler Zeitungen über die Aktion „Wider den undeutschen Geist“ und auch am 10. Mai wiesen sie auf die für den Abend geplante Aktion der Kieler Studentenschaft hin. Nach einer Eröffnungsveranstaltung in der Aula der Christian-Albrechts-Universität formierte sich ein Fackelzug. An der Spitze wurde die Universitätsfahne getragen, gefolgt von der Hakenkreuzfahne. Den örtlichen Korporationen, der SA und den Studenten folgte eine „ansehnliche Menge“ Kieler Bürger*innen zum Wilhelmplatz, wo die Bücherverbrennung stattfand. Bereits seit dem März 1933 gab es an der Kieler Universität einen zum Teil gewalttätigen Kampf gegen „undeutsches Lehrpersonal“, dem viele Dozentenstellen zum Opfer fielen.

AUSFAHRT
6

Rostock

10. Mai 1933
Stampfmüllerstraße
(ehemals Friedrich-Hildebrandt-Platz)
Gedenkort: Nein

Ab Mitte April wurde die Aktion „Wider den undeutschen Geist“ Rostock vorbereitet. Leihbibliotheken, Büchereien und Buchhandlungen wurden durchsucht und „undeutsche“ Literatur wurde beschlagnahmt. Die zwölf Thesen der Deutschen Studentenschaft wurden an Litfaßsäulen und in Schaufenstern aufgehängt. Am 5. Mai wurde im Rahmen einer feierlichen Kundgebung ein Schandpfahl auf dem Blücherplatz vor der Universität aufgestellt. Dort wurden „acht der übelsten literarischen Werke“ angenagelt – darunter Bücher von Kurt Tucholsky, Magnus Hirschfeld, Lion Feuchtwanger und anderen. Am 10. Mai 1933 fand dann auf dem damaligen Friedrich-Hildebrandt-Platz die Bücherverbrennung statt. Heute steht an dieser Stelle ein Parkhaus, die Straße ist in Stampfmüllerstraße umbenannt worden.

Halle a. d. Saale

12. Mai 1933
Universitätsplatz
Gedenkort: Ja

Auch in Halle setzte die Aussonderung „undeutscher“ Literatur schon vor der eigentlichen Bücherverbrennung ein. Ab dem 2. Mai suchte eine Gruppe von Studenten und Kriminalbeamten Buchhandlungen und Bibliotheken auf und sammelte die „volkszersetzende Lektüre“ ein. Eigene „Schwarze Listen“ wurden unter dem Namen „Hallescher Generalindex“ erstellt. Besonders hervor tat sich hier der Kriminalbeamte Reinhart von Eichborn. Am 8. Mai versammelte Eichborn im Namen der nationalsozialistisch gesinnten Studentenschaft die halleschen Buchhändler und Büchereibesitzer. In Gegenwart von Polizeibeamten und des Polizeipräsidenten Roosen gaben die Buchhändler und Büchereibesitzer ihr „Ehrenwort“ – „kein Buch der auf dem Index genannten Autoren zu verleihen oder zu verkaufen“. Als „akademische Feier“ getarnt, wurde die Bücherverbrennung am 12. Mai in Anwesenheit der inzwischen gleichgeschalteten Korporationen durchgeführt, wobei das Braun der der nationalsozialistischen Partei zugehörigen Studenten überwog. Zur Beseitigung „undeutschen Schrifttums“ wurde ein riesiger Scheiterhaufen auf dem Campus entzündet, in den, symbolisch und von „Feuersprüchen“ begleitet, die Werke der verworfenen Autor*innen in die Flammen geschleudert wurden.

Neustrelitz

13. Mai 1933
Tiergartenstraße (ehemals Paradeplatz)
Gedenkort: Nein

Am Samstag, dem 13. Mai 1933, fand auf dem großen Paradeplatz vor der Orangerie eine vom Nationalsozialistischen Deutschen Studentenbund des Strelitzer Technikums organisierte Kundgebung statt. In diesem Zuge wurden unter dem Motto „Wider den undeutschen Geist" ähnlich wie in vielen anderen Universitätsstädten die Bücher verfolgter Autor*innen verbrannt.

Aus einem Brief des Sozialdemokraten Otto Normann: „Am 2. Mai wurde der Ortsausschuß des Allgemeinen Deutschen Gewerkschaftsbundes mit seinen Gewerkschaften desgl. mit seinen Gliederungen aufgelöst und verboten. Das gesamte Vermögen, Gewerkschaftshäuser, Einrichtungen u. s. w. wurde beschlagnahmt und eingezogen. Am 13. Mai 1933 erlitt die SPD das gleiche Schicksal. Die Arbeiterbibliothek, die kostbaren ruhmreichen Fahnen wurden zusammen mit den Akten auf dem Paradeplatz vor der Orangerie öffentlich mit Musik verbrannt."

Hamburg I

15. Mai 1933
Kaiser-Friedrich-Ufer
Gedenkort: Ja

„Bücherverbrennung in Hamburg
Hamburg, 16. Mai. Im Rahmen der Aktion wider den undeutschen Geist fand am Montag abend am Kaiser-Friedrich-Ufer in Hamburg eine Verbrennung von Büchern durch die hamburger Studentenschaft statt. Der symbolischen Handlung wohnte eine vieltausendköpfige Menschemenge bei. Studentenführer wiesen in Ansprachen auf die Beduetung der Aktion hin. Die Menge spendete lebhaften Beifall.“

— *Badische Presse* (16.5.1933)

Am 15. Mai fand eine Hamburger Bücherverbrennung im Rahmen der Aktion „Wider den undeutschen Geist“ statt. Durchgeführt und organisiert wurde sie von der Hamburger Studentenschaft. Begleitet von wenig Öffentlichkeit und im Beisein einer für die Größe der Stadt relativ kleinen Menschenmenge wurden die Bücher verfolgter Autor*innen bei Regen verbrannt. Da die Aktion nicht die erhoffte Öffentlichkeit und Wirkung erzielte, fand knapp zwei Wochen später eine weitere und größere Verbrennung in Hamburg statt. In der Presse wurde die Bücherverbrennung trotzdem als Erfolg gefeiert.

Ludwigshafen II

15. Mai 1933
Edigheimer Straße (ehemals Marktplatz)
Gedenkort: Nein

Im Rahmen einer Jugendkundgebung fand in Oppau eine Verbrennung „antideutscher Literatur“ statt. Aus der Stadtbücherei wurden 525 Bücher ausgewählt und im Beisein einer großen Menschenmenge verbrannt. Während der Verbrennung sangen die Menschen das Horst-Wessel- und das Deutschlandlied.

DEM LEBENDIGEN GEIST

Heidelberg II

17. Mai und 16. Juli 1933
Universitätsplatz
Gedenkort: Ja

In Heidelberg fanden zwei von drei Bücherverbrennungen auf dem Universitätsplatz statt. Die Verbrennung am 17. Mai reihte sich ein in die vielen studentischen Verbrennungen der Aktion „Wider den undeutschen Geist“. Eingeleitet wurde sie mit einer akademischen Veranstaltung des Kampfbundes für deutsche Kultur. Nach dem Vortrag zogen die Teilnehmer zum Universitätsplatz, während ein studentischer Fackelzug zeitgleich vom Jubiläumsplatz zum Universitätsplatz zog. Eine Pyramide aus Büchern und Schriften, bedeckt mit Fahnen und Transparenten bildete den Scheiterhaufen. Nach mehreren Reden und dem gemeinsamen Singen des Liedes „Burschen heraus“ wurde der Scheiterhaufen entzündet. Insgesamt schien die Bücherverbrennung vom 17. Mai nicht die gewünschte Wirkung und Resonanz zu entfalten, sodass schnell für den 17. Juni eine weitere Verbrennung angekündigt wurde, welche dann aber auf den 16. Juli verschoben wurde. Diese wurde organsiert von den Studenten und den nationalsozialistischen Jugendverbänden. An ihr nahm allerdings wenig Öffentlichkeit teil, es waren hauptsächlich Formationen der nationalsozialistischen Verbände beteiligt.

Helgoland

18. Mai 1933
Lummenstraße (ehemals Am Schulplatz)
Gedenkort: Nein

Am 18. Mai marschierte die Ortsgruppe der NSDAP zu einer feierlichen Bücherverbrennung auf dem Schulplatz. Bücher aus dem „Abschaum des Bürgertums" sollten dort verbrannt werden. Da es auf der Insel nur wenige Bibliotheken gab, standen Fackelzug, Feuer und drohende Reden im Mittelpunkt der Aktion. Beteiligt war auch der Musikverein Helgoland, welcher das Lied „Flamme empor" spielte. Ein Teil der Bücher stammte möglicherweise aus der Plünderung der Privatbibliothek des Helgoländer Kommunisten Julius Blatzkowski. Wie an vielen Orten endete die Aktion mit dem gemeinsamen Singen des Horst-Wessel-Liedes.

Mannheim

19. Mai 1933
Meßplatz
Gedenkort: Nein

In Mannheim zeigte sich die Studentenschaft besonders eilfertig, so wollte sie ihre Verbrennung schon vor dem 10. Mai durchführen, wurde dafür aber aus Berlin gerügt. Doch blieb der völkische Aktionismus hier auffallend groß. Der AStA trug aus öffentlichen Bibliotheken der Stadt und den Arbeiterbibliotheken die beschlagnahmten Bücher zusammen und lagerte sie „im Sturmzimmer der SA". Die meisten Bücher entstammten einer Volksbücherei in einem Arbeiterviertel. Etwa 25 Mannheimer Buchhandlungen wurden zudem von einem „Aktionsausschuß" des Deutschnationalen Handlungsgehilfenverbandes (DHV) gefilzt und Bücher verfolgter Autor*innen beschlagnahmt. Das eigentliche „Autodafé" fand dann am 19. Mai in einer großen theatralischen Inszenierung statt. Nach einem Fackelzug mit über 2 000 beteiligten Personen fand die Verbrennung auf dem Meßplatz statt, wo bereits eine „unübersehbare" Menschenmenge wartete. Der Ablauf verzögerte sich allerdings durch einen Radbruch an dem Karren, der die Bücher transportierte.

Mühlhausen

20. Mai 1933
Blobach
Gedenkort: Nein

„Am Sonnabend gegen 8 Uhr abends versammelte sich auf dem Blobach die Mühlhäuser Jugend, um jüdische und marxistische Bücher der Flamme zu überantworten. Weit über tausend Jungens und Mädels hatten sich zusammengefunden, allen voran die Hitler-Jugend, die am stärksten vertreten war. [...] Stoß auf Stoß dieser Bücher wanderte in das Feuer und [es] dürfte wohl auf dem weiten, menschenerfüllten Platz kein einziger gewesen sein, der das Symbolhafte dieser Handlung nicht begriff."

— *Mitteldeutsche Zeitung* (24.5.1933)

Nur zwei Tage nach dem reichsweiten studentischen „Autodafé" zog die Mühlhausener Hitlerjugend durch die Altstadt. Vor jeder Buchhandlung und Leihbücherei wurde haltgemacht und deren Inhaber oder Betreiber wurden dazu aufgefordert, „aus ihren Beständen alle undeutschen Bücher zu entfernen". Der Sammelaktion folgte eine Kundgebung auf dem Adolf-Hitler-Platz mit der Ankündigung einer Bücherverbrennung eine Woche später. Einem Umzug durch die Stadt folgte am 20. Mai die Bücherverbrennung auf dem Blobach.

KOMMUNISMUS HER MIT DEM SCHÖNEN LEBEN

Offenbach

22. Mai 1933
Hof des Isenburger Schlosses
Gedenkort: Nein

„Nach einer kurzen Ansprache Pfarrer Dr. Weebers, der darauf hinwies, dass man mit diesem symbolischen Verbrennungsakt endgültig den undeutschen Geist aus dem Kulturleben ausbrennen wolle, wurde eine stattliche Ladung marxistischer, jüdischer und kommunistischer Literatur zersetzender Tendenz in das Flammenmeer geworfen."

— *Offenbacher Zeitung* (23.5.1933)

Offenbach am Main wurde auch das „rote" Offenbach genannt, mit hohem Stimmenanteil für die Arbeiterparteien; über die Hälfte der Bevölkerung waren Arbeiter*innen. Trotzdem fand wenige Tage nach den reichsweiten Verbrennungen im Rahmen einer „Richard-Wagner-Feier" im Hof des Isenburger Schlosses eine Bücherverbrennung durch den „Kampfbund für Deutsche Kultur" statt. Das Schloss beherbergte zu dieser Zeit eine Bibliothek. Im Schlosshof, neben dem von einem jüdischen Lederfabrikanten gestifteten Brunnen, errichteten Studenten der Technischen Lehranstalt und die SA einen Scheiterhaufen. Am Vortag des „Autodafés" wurden in der *Offenbacher Zeitung* die „undeutschen" Autor*innen aufgelistet.

Lübeck

26. Mai 1933
Buniamshof
Gedenkort: Ja

„Dem Büchereiwesen stellten die Jahre nach dem Umbruch die verantwortungsvolle Aufgabe, […] durch eine rücksichtslose Säuberung der Bücherbestände und durch zeitgemässen Wideraufbau in einheitlicher Grundhaltung dahin zu streben, dass die Büchereien zum wahrhaft nationalsozialistischen Erziehungsmittel werden.“

— *Lübeck in den Jahren der Entscheidung 1933–1937* (erschienen 1939)

Im Anschluss an Gedenkfeierlichkeiten für Leo Schlageter und den Lübecker Jürgen Paul Prahl fand am 26. Mai die Lübecker Bücherverbrennung statt. Während die Feierlichkeiten schon im Vorfeld in der Presse angekündigt wurden, gibt es zur Bücherverbrennung erst im Nachgang einen Bericht. Die an den Gedenkfeiern beteiligten Formationen zogen gegen Abend geschlossen zum Buniamshof, um dort der Bücherverbrennung beizuwohnen. Die örtliche Feuerwehr sorgte dafür, dass der Scheiterhaufen „brennfähig“ war; gegen 21:00 Uhr wurde er entzündet. Nach dem „Autodafé“ auf dem Buniamshof wurde „undeutsche“ Literatur in den Bibliotheken aus der Benutzung genommen.

MARKTWACHE
ACAB
FUCK COPS

Flensburg

30. Mai 1933
Exe (Exerzierplatz)
Gedenkort: Nein

Begleitet von den pathetischen Worten und theatralen Gesten des Schauspielers Ferdinand Schröder verbrannte der „Kampfbund für deutsche Kultur“ die Bücher verfolgter Autor*innen. Ferdinand Schröder war nicht nur Hauptredner, sondern auch Initiator und Dramaturg der Bücherverbrennung. Dem „Autodafé“ vorausgegangen waren zahlreiche Initiativen des Kampfbundes, die sich immer wieder gegen die städtische Bibliothek und den nicht-linientreuen Leiter Franz Schriewer richteten. Anfang Mai wurde die Bibliothek nach den „Schwarzen Listen“ durchforstet; die aussortierten Werke wurden am 30. Mai auf der Exe verbrannt. Die Flensburger Verbrennung ist eines der wenigen „Autodafés“, von denen Aufnahmen existieren. Berichtet wurde davon am 21. Juni 1933 in den *Flensburger Illustrierten Nachrichten* (Nr. 25).

Hamburg II

30. Mai 1933
Ifflandstraße (ehemals Lübecker Torfeld)
Gedenkort: Nein

Angesichts der aus Sicht der NS-Jugend eher „unspektakulären“ Bücherverbrennung am Kaiser-Friedrich-Ufer am 15. Mai 1933 riefen die Hitlerjugend und der Jugendverband des Deutschen Handlungsgehilfenverbands zu einer erneuten Verbrennung am 30. Mai auf. Sie versammelten sich auf der Moorweide und zogen von dort über den Rathausmarkt und die Mönkeburgstraße zum Lübecker Torfeld. Die Veranstalter hatten ursprünglich vor, auf der Moorweide zu bleiben, allerdings wurde die Versammlung dort offenbar untersagt.

„Zwischen der Vergangenheit und heute besteht eben nur der Unterschied, daß seiner Zeit die Herrscher sich missliebiger Bücher mit allen zur Verfügung stehenden Machtmitteln entledigten – während sich heute das Volk selbst als vollstreckende Gewalt fühlt. [...] Daß jedoch das Volk selbst die Scheiterhaufen errichtete und entzündete, geschah erstmalig durch die nationale Revolution in Deutschland: nicht das eine oder das andere ‚missliebige‘ Buch wird hingerichtet, sondern der Weg zur neuen, eigenen Kultur wird freigemacht vom Schutt des Vergangenen.“

— *Hamburger Tageblatt* (31.5.1933)

Stadtrestaurant
HAUS DER KULTUR UND BILDUNG
MARKTPLATZ-CENTER
HELGE
BODO WARTKE
SILLY
OLAF SCHUBERT
THE AUSTRALIAN BEE GEES SHOW
GÜNTHER FISCHER

Neubrandenburg

31. Mai 1933
Marktplatz
Gedenkort: Ja

Es dauerte knapp zwei Wochen nach den reichsweiten Verbrennungen, bis in der *Neubrandenburger Zeitung* von der NSDAP-Ortsgruppe zu einer Verbrennung der „Schund- und Schmutzliteratur“ am 31. Mai aufgerufen wurde: Denn eine Universität oder Hochschule, deren Studenten ähnlich wie in Berlin zu einer Bücherverbrennung bereit gewesen wären, gab es in Neubrandenburg nicht. Am Abend des 31. Mai regnete es in der Stadt und der Scheiterhaufen musste durch Holzkisten gestützt werden. Pünktlich um 21 Uhr marschierten die nationalsozialistischen Formationen auf. Nach einer „flammenden Rede“ wurde unter „Sieg-Heil“-Rufen der Scheiterhaufen entzündet. Eine dreiviertel Stunde später war die Veranstaltung vorbei. Zurück blieb eine NSDAP-Abteilung, die den niederbrennenden Scheiterhaufen bewachte.

Hamburg III

Ende Mai 1933, genaues Datum unbekannt
Else-Rauch-Platz
Gedenkort: Nein

Ende Mai fanden vermehrt Hausdurchsuchungen und Beschlagnahmungen von Druckschriften statt. So kam es auch auf dem heutigen Else-Rauch-Platz in Hamburg-Eimsbüttel zu einer Bücherverbrennung nach einer Hausdurchsuchung. Damals wurde der Platz aufgrund der vielen Arbeiter*innen, die dort wohnten, auch als „Roter Platz" bezeichnet. Seinen heutigen Namen hat er nach einer jüdischen Lehrerin einer benachbarten Schule.

Aus den Erinnerungen der Sozialdemokratin Friedel Büscher: „Titellisten hatten sie aber nicht mitgebracht. Sie kamen mir ziemlich dumm vor, muss ich sagen. Denn sie haben einfach und wahllos zwei Arme voll genommen. […] Am Abend bin ich dann vorsichtig an den Rand des Platzes an der Methfesselstraße geschlichen […] Da war es ganz schön voll, zum Glück, denn sonst hätten man mich ja gleich gesehen. […] Männer in Uniformen haben da die berühmten Sprüche gejohlt, die Bücher geholt und immer ins Feuer geworfen."

Schwerin

4. Juni 1933
Pfaffenteich
Gedenkort: Nein

„Mit einem eindrucksvollen Auftakt wurde am Pfingstsonntagabend eingeleitet.
Der Pfaffenteich war von einer dichten Menschenmauer umlagert, die der Verbrennung des inmitten des Wassers errichteten Scheiterhaufens der gesammelten Schmutz- und Schundliteratur harrte. Auf den Bordsteinen hatten rings um den Pfaffenteich SA-Leute Aufstellung genommen. Pünktlich um 10:15 Uhr ließen sie, während die Straßenbeleuchtung erlosch, auf ein Raketensignal die Fackeln aufflammen. Zur gleichen Zeit prasselten die Flammen aus dem teergetränkten Holzstoß auf."

— *Mecklenburgische Zeitung* (6.6.1933)

Rund um den im Zentrum der Stadt gelegenen Pfaffenteich standen SA-Männer. Auf einem Floß in der Mitte des rechtwinkeligen kleinen Sees lagen auf einem mit Teer getränkten großen Haufen die von der Polizei beschlagnahmten Bücher und Schriften, die nicht der Landesbibliothek übergeben worden waren. Um 22:15 Uhr erlosch die Straßenbeleuchtung, die SA-Männer entzündeten ihre Fackeln und der „errichtete Scheiterhaufen der gesammelten Schmutz- und Schundliteratur" wurde in Brand gesetzt.

Akten der ehemaligen Reichsstudentenführung geben Rückschluss auf eine Verbrennung durch den „Verband junger Drogisten Deutschlands e.V." (VJDD). Das „Autodafé" fand am 9. Juni im Garten der Gaststätte des „Alten Askanier" statt. Als Redner trat ein gewisser Herr Gehlhar, Mitglied der Deutschen Studentenschaft, auf.

Aus einem Brief vom VJDD an den DSt vom 22. Juni 1933: „Sicher wird Ihnen Herr Gehlhar schon über unsere Bücherverbrennung berichtet haben. Dennoch möchte ich nicht verfehlen, Ihnen noch besonders mitzuteilen, daß unsere Veranstaltung einen ausgezeichneten Verlauf nahm. [...] Nun danken wir Ihnen und auch Herrn Gehlhar, dessen Worte ungeteilten Beifall und Beachtung fanden."

Berlin II

9. Juni 1933
Anhalter Straße
Gedenkort: Nein

Landwirt-
schaftlicher
Verkehr frei

Als am 10. Mai 1933 in vielen deutschen Städten Scheiterhaufen errichtet und die Werke zahlreicher Autoren öffentlich verbrannt wurden, blieb es in Weimar wie auch im Rest Thüringens zunächst ruhig. Zur „traditionellen Sonnwendfeier" des Deutschnationalen Handlungsgehilfen-Verbands (DHV) auf der Höhe bei Niedergrunstedt fand dann am 21. Juni ein „Autodafé" statt, an der neben den Mitgliedern auch zahlreiche Ansässige teilnahmen.

Niedergrunstedt

21. Juni 1933
Auf der Höhe bei Niedergrunstedt
Gedenkort: Ja

„Der DHV führt seit Jahrzehnten einen Kampf gegen den undeutschen Geist, gegen die Verseuchung der Volksseele durch jüdische Literaten. 14 Jahre ist das deutsche Volk systematisch durch jüdische Schriftsteller vergiftet worden. Mit dieser Schundliteratur ist nunmehr endgültig aufgeräumt worden. Die deutsche Jugend hat zuerst gespürt, dass ihnen Dichter wie Dwinger, Steguweit, Schäfer, Wehner mehr zu sagen haben als z. B. ein Remarque. Mit den Worten: ‚Undeutscher Geist verbrenne!' übergab der Ortsgruppenvorsteher den Flammen einige Schundwerke."

— *Weimarische Zeitung* (22. 6. 1933)

Untergrombach

21. Juni 1933
Michaelsberg
Gedenkort: Nein

Im Rahmen einer Sonnwendfeier fand die Bücherverbrennung in Untergrombach statt. Nach einem „Festzug“ auf den Michaelsberg wurde dort der Scheiterhaufen entzündet. Die zuvor von der HJ gesammelten Bücher wurden „wortreich“ verbrannt.

„Drei Kränze, von der Frauenschaft aus deutschem Eichenlaub gewunden, übergab der Ortsgruppenführer dem Feuer zum Andenken an die Toten des Weltkrieges und der deutschen Freiheitsbewegung, dem Gedenken der Deutschen der abgetretenen Gebiete und der dritte den Deutschen gewidmet, welche die deutsche Kultur hinausgetragen haben in alle Teile der Welt. Nachdem noch eine Menge Schundliteratur dem Scheiterhaufen übergeben worden war, wurden die Fackeln entzündet, und im geschlossenem Zug langte man vor der ‚Kanne‘ an, wo der Ortsgruppenleiter mit einem herzlichen Dankesworte an alle Mitwirkenden die Veranstaltung schloß.“

— *Der Führer* (29. 6. 1933)

Mainz I

23. Juni 1933
Jockel-Fuchs-Platz (ehemals Halleplatz)
Gedenkort: Nein

In Mainz gab es an zwei aufeinanderfolgenden Tagen Bücherverbrennungen. Die erste fand am 23. Juni auf dem Jockel-Fuchs-Platz statt, durchgeführt von der Mainzer Studentenschaft. Auch dieses „Autodafé“ ist im Zusammenhang mit dem Gutenberg-/Johannisfest zu sehen, an welchem traditionell Feuer entzündet wurden. Um 20:30 Uhr versammelten sich die Studenten am Pädagogischen Institut und marschierten in einem Fackelzug zum Halleplatz. Während der Verbrennung wurden Reden gehalten und das Horst-Wessel- und das Deutschlandlied gesungen. Bei den inkriminierten Büchern handelte es sich hauptsächlich um gesammelte Bücher aus Privatbesitz.

Freiburg

24. Juni 1933
Universitätsstadion
Gedenkort: Nein

Auch in Freiburg wurde für den 10. Mai eine Bücherverbrennung im Rahmen der Aktion „Wider den undeutschen Geist“ geplant. Kurzfristig wurde diese aus bisher nicht bekannten Gründen abgesagt. Trotzdem ging die Verfolgung „undeutscher“ Literatur weiter. Am 18. Mai erschien in der führenden *Freiburger Zeitung* ein Bericht über die Bücheraussonderungen in der Freiburger Volksbibliothek.

Der Verbrennungsakt der aussortierten Bücher sollte nun am 17. Juni unter Beteiligung der Schule im Rahmen der „Ersten kulturellen Kampfwoche der Hitlerjugend“ auf dem Exerzierplatz stattfinden. Die Veranstaltung wurde allerdings wegen strömenden Regens abgesagt. Als Ersatz sollte ein „Autodafé“ am 24. Juni im Universitätsstadion stattfinden. Am Abend des 24. Juni sah es nach einem weiteren wetterbedingten Ausfall aus, doch wurde die Veranstaltung im Universitätsstadion diesmal durchgezogen. In seiner Ansprache verkündete der Philosoph und neu gewählte Rektor der Universität, Martin Heidegger, pathetisch: „Die Tage vergehen, sie werden wieder kürzer. Unser Mut aber steigt, das kommende Dunkel zu durchbrechen. Niemals dürfen wir blind werden im Kampf. Flamme künde uns, leuchte uns, zeige uns den Weg, von dem es kein Zurück mehr gibt! Flammen zündet, Herzen brennt!“

Hamburg IV

24. Juni 1933
Schulenbrooksweg
(ehemals Fritz-Reuter-Platz)
Gedenkort: Ja

„Begeistert stimmte die Menge ein und sang dann das Deutschlandlied. Unter dem Jubel des Volkes erfolgte hierauf die Verbrennung undeutscher Bücher, wobei über fünfhundert Exemplare der Städtischen Bücherei dem Scheiterhaufen überantwortet wurden.“

— *Bergedorfer Zeitung* (26. 6. 1933)

Im Rahmen des „Tages der Jugend“ lief ein Fackelzug mit 3 000 Menschen zum Sportplatz am Schulenbrooksweg. Dort wurde ein Scheiterhaufen mit 414 Büchern entzündet und die Werke vieler verfolgter Autor*innen den Flammen preisgegeben. Im Vorfeld der Aktion druckte die *Bergedorfer Zeitung* den Text des Liedes „Flamme empor“, der ausgeschnitten und mitgebracht werden sollte. Im angekündigten Programm ist allerdings nichts von einer Bücherverbrennung zu lesen. Erst im darauffolgendem Bericht wird erwähnt, dass es dabei zu einer Verbrennung „undeutscher Literatur“ kam.

Haslach im Kinzigtal

24. Juni 1933
Sportplatz
Gedenkort: Nein

„Die Damenabteilung des Turnvereins bot dem Auge ein herrliches Bild durch ihre schön aufgeführten Reigen wie auch die Kundgebung der Turner. Nunmehr kam auch die Schmutz- und Schundliteratur zur Verbrennung. Die Schulkinder sangen das Lied: ‚Wenn alle untreu werden'. Das Deutschlandlied, von der Stadtkapelle gespielt, wurden den Anwesenden begeistert mitgesungen und bildete den Abschluss der eindrucksvollen Weihestunde."

— *Kinzigtaler Nachrichten* (26.6.1933)

Auch die Haslacher Bücherverbrennung fand im Rahmen der „Kampfwoche gegen Schmutz- und Schundliteratur" statt. Am 24. Juni warfen HJ und BDM bei einer Sonnwendfeier die inkriminierten Bücher auf den Scheiterhaufen am Sportplatz. 1944 entstand dort ein Außenlager des KZ Natzweiler-Struthof.

Die zweite Bücherverbrennung in Mainz fand am 24. Juni im Rahmen einer Sonnwendfeier auf dem Großen Sand in Gonsenheim statt. Organisiert wurde sie von der NSDAP.

Mainz II

24. Juni 1933
Mainzer Sand
Gedenkort: Nein

„Die Stürme R21, 22, 23, 26, 28, 29 zogen am Sonnabend mit klingendem Spiel zum Großen Sand, um im Kreise einer großen Volksmenge die Sonnwendfeier zu begehen. Nach Inbrandsetzung der riesig aufgestapelten Holzmengen erklärte der Ortgruppenleiter Pg. Seib in begeisterten Worten den Sinn der Feier. Pg. Hoops übergab unter Schilderung der einzelnen ‚Schriftsteller' die aus der Gemeinde- und Schulbibliothek entnommenen volksverhetzenden und marxistischen Bücher den hellauflodernden Flammen [...]."

— *Mainzer Tageszeitung* (27. 6. 1933)

P

Neu-Isenburg

24. Juni 1933
Wilhelmplatz
Gedenkort: Ja

Am Abend des 24. Juni 1933 fand im Rahmen einer Sonnwendfeier in Neu-Isenburg eine Bücherverbrennung statt. Im Anschluss an einen Fackelzug mit 3500 Menschen wurden auf dem Wilhelmplatz die Bücher verfolgter Autor*innen verbrannt.

„Wohl selten sah Neu-Isenburg solche Menschenmassen auf den Beinen als am Samstag, den 24. Juni 1933. […] Dann züngelten die Flammen gen Himmel und verzehrten den Unrat marxistischer, bolschewistischer ‚Literatur'. Nach einem Gesangsvortrag der ‚Kümmeler' und einem Tanzreigen der Turnerinnen des Turnvereins am brennenden Holzstoß, dem Gesang des Deutschland- und Horst-Wessel-Lieds sowie einen Heil auf Volk und Volkskanzler fand die Feier ein würdiges Ende."

— *Braune Front – Mitteilungsblatt der NSDAP-Ortsgruppe Neu-Isenburg* (1.7.1933)

Sinsheim

24. Juni 1933
Friedrichstraße (ehemals Stadtwiese)
Gedenkort: Nein

„Hoch flammte unter Feuersprüchen das Feuer zum nächtlichem Himmel empor, in dem die Schundliteratur ihren Untergang fand. An das auf den Reichskanzler und Reichspräsidenten ausgebrachte Sieg-Heil schlossen sich das Deutschlandlied und das Horst-Wessel-Lied an, die von der Menge begeistert gesungen wurden."

— *Der Landbote* (26. 6. 1933)

Nachdem tagsüber das „Fest der Jugend" an verschiedenen Schulen gefeiert wurde, kam es am Abend zu einem Fackelzug durch die Stadt, an dem sich verschiedene Verbände, die Schulen sowie SS-Formationen beteiligten. Der Fackelzug führte zur Stadtwiese, wo im Rahmen einer Sonnwendfeier ein „Autodafé" stattfand.

Wolfach

24. Juni 1933
Nahe der Realschule
(ehemals Insel bei den Tennisplätzen)
Gedenkort: Nein

Als offizieller Rahmen für die Bücherverbrennungen im Kinzigtal diente das „Fest der deutschen Jugend“ am Tag der Sonnwendfeier, dem 24. Juni 1933. Im Anzeigenteil des *Kinzigtälers* erschien eine Woche zuvor ein Aufruf der HJ an die Bevölkerung, die „jüdische Schmutz- und Schundliteratur“ bei der HJ abzuliefern. Derjenige, der nach der Sammlung noch im Besitze „eines solchen Schmutzbuches“ sei, sei „kein anständiger, richtiger Deutscher“. Die HJ versicherte, dass dieser „Schmutz und Schund feierlich und würdig dem Feuer übergeben“ werde.

Die in Wolfach ursprünglich auf dem Kreuzbergsattel geplante Sonnwendfeier musste wegen des starken Regens in die Turnhalle (heute Schlosshalle) verlegt werden. Nach dem „Flammenlied“ stimmte NSDAP-Ortsgruppenführer Alfred Albanus ein „Sieg Heil“ auf den „Führer“ an und die rechte Hand der Teilnehmer erhob sich zum „Hitlergruß“ beim Singen des Deutschlandlieds. Das „Jungvolk“ sprach den „Feuereid“ und alle leisteten als Sprechchor den „Rütlischwur“. Nach dem Horst-Wessel-Lied marschierte die HJ zu den Tennisplätzen auf der Insel, wo heute die Realschule steht, und verbrannte die von ihr eingesammelten „Schmutz- und Schundschriften“.

Hamburg V

25. Juni 1933
Boberger Düne
Gedenkort: Nein

Im Rahmen einer Sonnwendfeier fand in Lohbrügge eine Bücherverbrennung durch die NSDAP statt. Unter „großer Beteiligung der Lohbrügger Bevölkerung“ ging der Demonstrationszug vom Marktplatz in die Boberger Düne, wo der Holzstoß entzündet wurde. Schulkinder warfen dann „marxistische“ Literatur ins Feuer.

Erfurt

29. Juni 1933
Cyriaksburg
Gedenkort: Nein

Die Hitlerjugend und die SA organisierten die Bücherverbrennung in Erfurt im Rahmen einer Sonnwendfeier. Tagsüber fanden Sportwettkämpfe statt und am Abend wurde trotz anhaltenden Regens der Scheiterhaufen mit verfemter Literatur entzündet. Ähnlich wie bei den studentischen Aktionen gab es auch in Erfurt Feuersprüche und Reden.

„Es regnete in Strömen, man konnte nicht die Hand vor den Augen sehen, und über den aufgweichten Boden rauschten munter kleine Bächlein. Da kamen sie trotz Regen und Wind anmarschiert, diese kleinen braunen Jungen, mit durchgeweichten Hemden, frierend, aber singend und lachend. [...] Am Schluß seiner von Begeisterung getragenen Rede warf der Sprecher Bücher, die das Volk seit Jahren systematisch vergiften, in die allmählich sich sinkende Flamme."

— *Mitteldeutsche Zeitung* (1.7.1933)

Waldkirch

8. Juli 1933
Auf dem Gipfel des Kandel
Gedenkort: Nein

„Die auf besseres Wetter verschobene Sonnwendfeier des Kreises Waldkirch der NSDAP fand nun am Samstag auf dem Kandel statt. Der Einladung zu dieser Veranstaltung wurde in großer Zahl gefolgt, so daß eine riesige Zuschauermenge dem Schauspiel beiwohnen konnte."

— *Freiburger Zeitung* (10.7.1933)

Am 16. Juni veranstaltete die Waldkircher Hitler-Jugend eine Sammlung „undeutscher" Bücher. Sie ging von Haus zu Haus und forderte deren Bewohner auf, Schriften dieser Art auszuhändigen. Am nächsten Tag sollte dann die feierliche Verbrennung auf dem Marktplatz stattfinden. Doch auch in Waldkirch machte das Wetter einen Strich durch die Planungen. Die Verbrennung wurde mehrfach verschoben, erst auf den 24. Juni, dann auf den 1. Juli und schließlich noch einmal auf den 8. Juli 1933. An diesem Tag war nicht nur das Wetter besser. Er bot der NSDAP des Bezirks Waldkirch auch die Möglichkeit, die Bücherverbrennung auf den Gipfel des Kandels zu verlegen und sie mit der – alljährlich durchgeführten – Sonnwendfeier sowie mit einem großen Kreistreffen der SA zu verknüpfen.

Ulm

15. Juli 1933
Münsterplatz
Gedenkort: Nein

In Ulm ging die Initiative zur Bücherverbrennung von der NSDAP und der Hitlerjugend aus. Sie inszenierten das „Autodafé“ auf dem zentralem Münsterplatz als lokales Ereignis und zugleich Reinigungs- und Aufnahmeritual anlässlich einer „feierlichen Eingliederung verschiedener zur Hitler-Jugend übergetretener Gruppen“. Um 20 Uhr versammelten sich auf dem Hof der Zeughauskaserne nicht nur HJ, Jungvolk und BDM, sondern auch die neu zu integrierenden Gruppen, um deren Aufnahme festlich zu vollziehen. Im Anschluss an diese Zeremonie setzte sich der Zug mit ca. 800 Jugendlichen in Bewegung. Auf zahlreichen Umwegen durch die Stadt ging es zum Münsterplatz, wo schon eine Menge von etwa 6 000 Zuschauer*innen wartete. Feierlich wurde dort der Scheiterhaufen verfolgter Literatur entzündet.

ACHTUNG

Brandenburg a. d. Havel

27. Juli 1933
Grabenstraße
(ehemals Restaurant Schweizer Garten)
Gedenkort: Nein

Verhältnismäßig spät kam es in Brandenburg an der Havel zu einer Bücherverbrennung. Federführend war hier die Ortsgruppe der NSDAP. Angekündigt als „Kulturveranstaltung“, wurden zunächst einige Reden gehalten. Im Anschluss schichteten SA-Männer zu den „Klängen des Deutschlandlieds“ einen Scheiterhaufen auf, auf dem „eine Auswahl jüdisch-marxistischer Schriften“ verbrannt werden sollte. Die Veranstaltung fand im traditionsreichen Restaurant Schweizer Garten statt, in dem die Brandenburger*innen sich sonst vergnügt zum Kegeln oder zum Sonntagstanz trafen. Berichtet wurde davon im Anschluss im *Brandenburger Anzeiger* unter dem Titel „Volk im Werden – Erste Kulturpolitische Kundgebung des Kreises Brandenburg der NSDAP“.

Freibad
KAHLA
Öffnungszeiten:
FREIBAD
KAHLA

Kahla

5. August 1933
Badweg (ehemals Wehrsportplatz)
Gedenkort: Nein

„Hier hatte man die gesammelte Schundliteratur, Hetzschriften und einige Fahnen zu einem großen Haufen zusammengetragen und in Brand gesetzt. Vor dem brennenden Feuerstoß hielt nun der Reichsredner der Hitlerjugend Konrad Studenkowsky, Unterbannführer im Stab der Gebietsführung, eine packende Vernichtungsrede gegen alle Schmutzliteratur und allen Kitsch in Schrift und Bild."

— *Kahlaer Tageblatt* (7. 8. 1933)

In Kahla fand am 5. August 1933 im Rahmen der Umwidmung des Friedrich-Ebert-Gedenksteins in ein Norkus-Denkmal eine Bücherverbrennng statt. Der 15-jährige Hitlerjunge Herbert Norkus war beim Verteilen faschistischer Flugblätter im Arbeiterbezirk Berlin-Moabit von kommunistischen Antifaschisten so schwer verletzt worden, dass er daran verstarb. Seinen gewaltsamen Tod verwerteten die Nazis auf vielfältige Weise propagandistisch. Hinsichtlich der Errichtung von Erinnerungsstätten konnte Kahla sich „rühmen", das erste Norkus-Denkmal in Deutschland eingeweiht zu haben.

Am 7. August 1933 brachte das *Kahlaer Tageblatt* einen ausführlichen Bericht über den Aufmarsch. Die Hauptrede hielt NSDAP-Ortsgruppenleiter Franz Degen, ein Abkömmling einer angesehenen alteingesessenen Kahlaer Familie, die über Jahrhunderte die Geschicke der Stadt mit beeinflusst hatte. Zum Abschluss des Zeremoniells marschierte man zum Wehrsportplatz. Diese Anlage war erst 1932 als Fußballplatz vom frisch gegründeten kommunistischen Sportverein „Vorwärts" angelegt und nach dessen Verbot für den neuen Zweck umfunktioniert worden.

DEKRA
Kundenparkplatz

Bautzen

9. August 1933
Löbauer Straße
(ehemals Steinbruch an der Löbauer Straße)
Gedenkort: Nein

„Es war geradezu ein Volksfest, was in den Abendstunden des Mittwochs draußen im Steinbruch an der Löbauer Straße vor sich ging und natürlich auch in den Straßen der Stadt lange vorher schon sein Echo gefunden hatte. […] Dort warteten schon hunderte von Menschen, auf allen Seiten des verlassenen Steinbruchs aufgestellt, die alle Zeuge des Schauspiels sein wollen, das da angekündigt war.“

— *Bautzener Nachrichten* (12. 8. 1933)

Auch zur Bautzener Bücherverbrennung wurde im Vorfeld öffentlich aufgerufen, allerdings handelte es sich weniger um eine Sammlung als um die Vernichtung bereits beschlagnahmter Literatur. Die SA-Standarte 103 vernichtete hier die eingelagerten beschlagnahmten Bücher, Fahnen und Flugblätter aus vorhergegangenen Plünderungen. Nach einem Aufzug durch die Stadt wurden auf dem im Steinbruch an der Löbauer Straße errichteten Scheiterhaufen Bücher, Fahnen und Schriften verbrannt.

Rendsburg

9. Oktober 1933
Paradeplatz
Gedenkort: Nein

Der „Kampfbund für deutsche Kultur“ rief für den 9. Oktober zu einer späten Bücherverbrennung in Rendsburg auf. Auf dem Paradeplatz traten verschiedene Formationen von SA, SS, Stahlhelm, HJ und BDM an, ebenso ein Spielmannszug und der Rendsburger Posaunenchor. Das *Rendsburger Tageblatt* vom 10. Oktober berichtete außerdem von einer „großen Volksmenge“. Um 20:35 Uhr wurde unter Trommelwirbeln das Feuer entzündet. Anschließend folgten zwei Reden des Kampfbundes. Zum Abschluss der Veranstaltung wurde wie an vielen anderen Orten das Horst-Wessel-Lied gesungen. Unklar ist die Provenienz der verbrannten Bücher. Einzig eine Leihbücherei Krohn wird mehrfach erwähnt.

Über die Verb(r)annten

Die seit 1933 verbotenen und verfolgten Autor*innen verbindet zu allererst, dass die faschistische Ideologie sie zum Feind erklärte. Jüdische Herkunft, Pazifismus, humanistische und sozialdemokratische Einstellungen – nur einige der Gründe, warum Namen und Titel auf den „Schwarzen Listen" der Nationalsozialisten landeten. Wer in der *Bibliothek der verbrannten Bücher* an der Universitätsbibliothek Augsburg die prall gefüllten Regale streift, spürt die schiere Vielfalt der Texte und Lebenswege. Einige wenige der verbannten Autor*innen sind nachfolgend porträtiert.

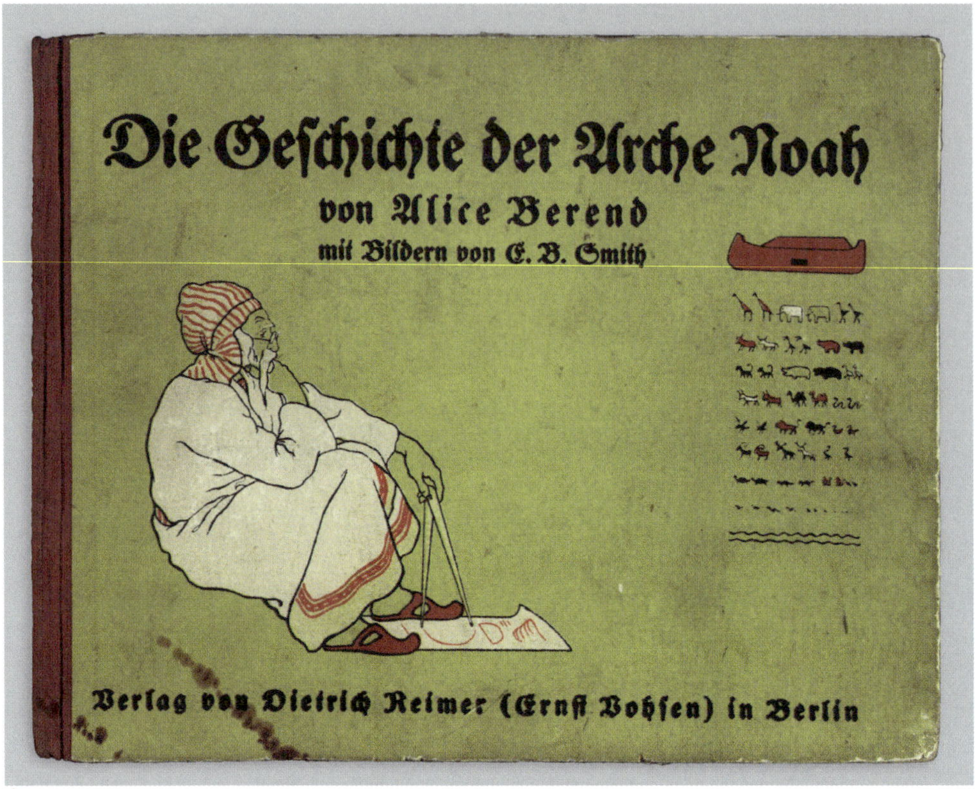

Alice Berend, *Arche Noah* (1925)
UB Augsburg

Alice Berend

Wesenszug ihrer Texte ist der feine Humor – darin ist sich die Literaturkritik der 1910er und 1920er Jahre einig. Alice Berends Großstadt- und Unterhaltungsromane sind damals weithin bekannt, ihre Bücher werden mit beachtlichen Auflagen beim renommierten S. Fischer Verlag verlegt. Sie spielen oftmals im Berliner Kleinbürgertum. Ihre Protagnisten zeichnet Berend individuell, mit Liebe zum Detail, so realistisch wie ironisch-humorvoll.

Berend ist eine jener Schriftstellerinnen, deren Karrieren 1933 jäh abbrechen. Ihr Name wird auf die Liste des ‚undeutschen' Schrifttums gesetzt. Noch bis Ende 1935 lebt sie in Berlin, kann aber nur mehr zwei Bücher im Ausland veröffentlichen. Ihr zweiter Mann, der Maler Hans Breinlinger, lässt sich von ihr scheiden, und Berend emigriert über die Schweiz nach Florenz, wo sie in erster Ehe bereits acht Jahre gelebt hatte und 1936 schließlich getauft wird. Durch Schreibverbot und Abgeschnittenheit verarmt, stirbt die einstige Erfolgsautorin 1938 nach schwerer Krankheit im Exil. Eine gebührende Wiederentdeckung blieb Berend, anders als etwa Irmgard Keun, trotz verdienstvoller Neuauflagen bislang verwehrt.

Alice Berend hinterlässt zahlreiche Bücher, die auch hundert Jahre nach ihrem Erscheinen fesseln und verzücken. 1875 als Tochter einer jüdischen Fabrikantenfamilie in Berlin geboren, tritt Berend ab 1898 publizistisch an die Öffentlichkeit – zunächst mit Zeitungsbeiträgen, etwa im *Berliner Tageblatt*, und Texten für die Berliner Theaterbühne. Mit ihrem zweiten Roman *Die Reise des Herrn Sebastian Wenzel* gelingt ihr 1912 der Durchbruch. Es folgt ein Jahr später der Berlin-Roman *Frau Hempels Tochter*, der von den großen Plänen der beschützenden Mutter Hempel für Tochter Laura erzählt. *Die Bräutigame der Babette Bomberling* erzielt 1915 die enorme Auflage von 200 000 Stück und wird 1927 zudem verfilmt. Alice Berend erwirbt sich in dieser Zeit den Ruf einer ‚weiblichen Fontane'. Oft sind es Figuren und Szenerien aus dem Leben ‚der kleinen Leute', die zum Lachen bringen und zugleich – durch feine Beobachtung des Milieus – in die Tiefe gehen. Humor als Kunstform begreift Berend als „ein ernstes, ein kühnes und ein demütiges Unterfangen". Anders als die knallend lachende Komik, sei Humor „geräuschlos" und lächle „über Kontraste von Eigenschaften, von Schicksalsgründen, nicht über äußere Situationen, es sei denn, daß beides miteinander verflochten ist". (*Die literarische Welt* 1929, Nr. 11/5, S. 3)

Die Liste Berends vielgelesener Prosa geht weiter: *Spreemann & Co.* (1916), *Betrachtungen eines Spießbürgers* (1924), *Der Schlangenmensch* (1925), *Ti von Brinken* (1928), *Herr Fünf* (1930). Auch eine nennenswerte Zahl Kinderbücher findet sich darauf, zum Beispiel das Märchenbuch *Muhme Rehlen* (1921) und *Bruders Bekenntnis* (1922), ein Lebensrückblick aus Sicht eines braven Dobermanns. Mit *Die Geschichte der Arche Noah* (1925) bringt die Autorin dem jungen Publikum auch ein biblisches Thema erfrischend lebendig nahe. Nachdem an Bord der Arche Zank und Streit ausbrechen, heißt es beispielsweise, mit herrlich lakonischem Witz: „Schließlich verlor Noah die Geduld. Es muß dies offen zugegeben werden. Er wünschte selbst aus diesem Kasten herauszukommen, so bald als möglich." (Ebd., S. 41)

Ernst Weiß

Der 1882 im österreichischen Brünn geborene jüdische Arzt und Schriftsteller Ernst Weiß blieb lange vergessen. Erst in den 1980er Jahren, rund um den 100. Geburtstag des Autors, fand sein umfangreiches Schaffen Beachtung in der Forschung.

Ernst Weiß zählt zu jenen, die nur im Selbstmord einen Ausweg aus den äußeren und inneren Nöten des NS-Exils sahen. Obwohl Weiß als tschechischer Staatsbürger 1933 in Deutschland nicht unmittelbar bedroht ist, verlässt er nach dem Reichstagsbrand Berlin, geht zurück nach Prag und nach dem Tod seiner Mutter schließlich 1934 nach Paris ins Exil. Dort lebt Weiß unter prekären Umständen und isoliert. Der Verlust von Heimat und Muttersprache, Depressionen, körperliche Beschwerden und anhaltende finanzielle Sorgen prägen die folgenden Jahre. Die Einnahmen aus den drei im Exil verfassten und veröffentlichten Romanen können Weiß' Existenz nicht sichern, auch die Beiträge in Exilzeitschriften wie *Die Zukunft* nicht. Beim Einmarsch der deutschen Truppen in Paris schneidet der Autor sich in der Badewanne des Hotels Trianon die Pulsadern auf und stirbt am folgenden Tag, dem 15. Juni 1940, im Krankenhaus. Bis heute sind seine zur Veröffentlichung vorbereiteten Tagebücher verschollen.

1913 debütiert Weiß mit dem Roman *Die Galeere*, dessen Held der morphiumsüchtige, liebesunfähige und manisch forschende Physiker Dr. Erik Gyldendahl ist. Labile und polarisierende Charaktere wie dieser, oftmals Wissenschaftler oder Mediziner, werden prägend für sein weiteres Romanwerk. Während des Ersten Weltkriegs dient Weiß als Regimentsarzt, verfasst nach Kriegsende in Prag unter anderem Dramen. Die Uraufführung seines Stücks *Tanja* in den Deutschen Kammerspielen 1919 ist ein großer Erfolg – in der Hauptrolle die Schauspielerin und Autorin Rahel Sanzara. 1921 gibt Weiß den anstrengenden Beruf des Chirurgen auf, zieht in die Hauptstadt der Kunst, Berlin, und widmet sich

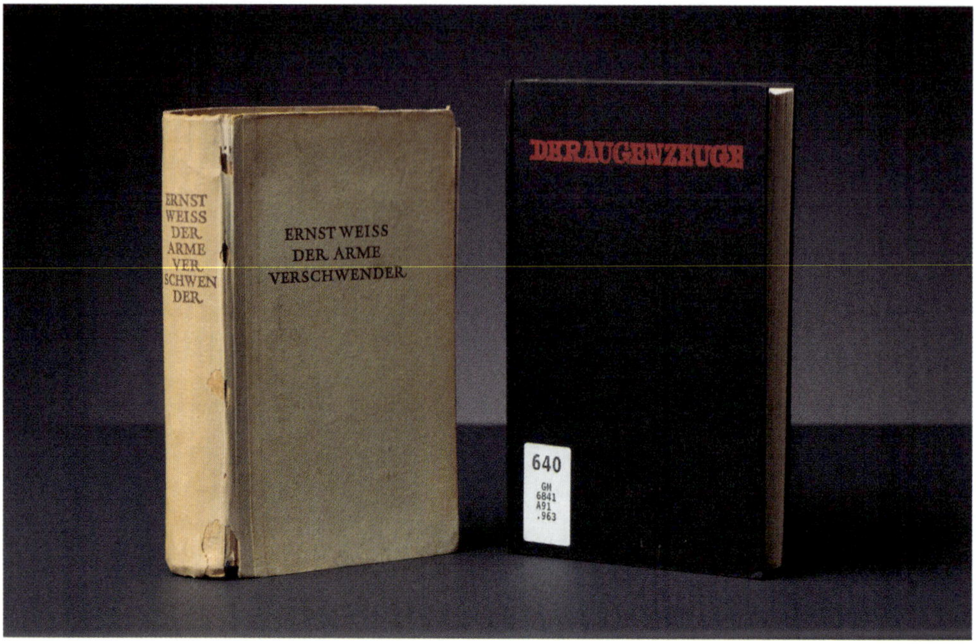

Ernst Weiß, *Der arme Verschwender* (1936) und *Ich – Der Augenzeuge* (1963)
UB Augsburg

ganz dem Schreiben. Eine hochproduktive Phase beginnt, fast jedes Jahr erscheint ein neues Buch von ihm, darunter die Erzählung *Hodin* (1923), *Die Feuerprobe* (1923), der Balzac-Roman *Männer in der Nacht* (1925) und *Boetius von Orlamünde* (1928). *Georg Letham. Arzt und Mörder* (1931) ist Weiß' letztes in Deutschland gedrucktes Buch – es wird sein erfolgreichstes. Der 1936 in Amsterdam bei Querido verlegte, seinem Freund Stefan Zweig gewidmete Roman *Der arme Verschwender* wiederum schildert den Konflikt zwischen einem Sohn und dessen übermächtigen Arzt-Vater.

Erst posthum im Jahr 1963 erscheint in Deutschland, dem Nachlass entnommen, in einem kleinen Münchner Verlag Ernst Weiß' letzter Roman *Ich – Der Augenzeuge*. Er zeigt psychologisch eindringlich die Kämpfe und Zwiespälte eines Ich-Erzählers im Weiß-typischen Setting Medizin und Forschung. Protagonist ist jener anonyme Militärarzt, der 1918 den Gefreiten A. H. (Adolf Hitler) von hysterischer Blindheit heilt und dadurch eine schicksalhafte Weiche nicht nur für sein eigenes Leben, sondern das ganzer Völker besiegelt.

Josef Hofbauer

Auf den NS-Verbotslisten finden sich neben Autor*innen, deren gesamtes Werk verbannt und verbrannt werden sollte, auch Einzelschriften. Josef Hofbauers Kriegsroman *Der Marsch ins Chaos* (1930) ist eines dieser Bücher. Es zeigt starke Parallelen zu Erich Maria Remarques Antikriegsbestseller *Im Westen nichts Neues* (1928), den die Nationalsozialisten als literarischen Verrat am Soldaten des Ersten Weltkriegs verschmähten. In beiden Büchern werden die tagtäglichen Grausamkeiten und Sinnlosigkeiten an der Front schonungslos realistisch aus der Sicht des einfachen Soldaten geschildert. Während die unzähligen nationalistischen deutschen Kriegsromane der 1920er die Fronterlebnisse glorifizieren und ein vermeintliches völkisches Gemeinschaftsgefühl der Schützengräben beschwören, entlarven Autor*innen wie Hofbauer, Remarque oder Adrienne Thomas (*Die Katrin wird Soldat*, 1930) die stumpfe Brutalität des Krieges.

Josef Hofbauer wird 1886 in Wien geboren, kommt dort früh in Kontakt mit der Arbeiterbewegung und zeigt ebenso früh sein journalistisches Talent. Ab 1910 arbeitet er als Redakteur für sozialistische Zeitschriften: bis zur Einberufung 1914 zunächst für die *Freiheit*, ehe er 1921 Chefredakteur der *Sozialistischen Jugend* wird, 1924 schließlich zum Zentralorgan der Deutschen Sozialdemokratischen Arbeiterpartei in der Tschechoslowakischen Republik (*Sozialdemokrat*) wechselt. In Prag schreibt er auch *Marsch ins Chaos* fertig. Hofbauers Gedichtzyklus *Wien, Stadt der Lieder* (1934) würdigt als erster dichterisch den Wiener Arbeiteraufstand vom Februar 1934. Als überzeugter Sozialist muss Hofbauer schließlich 1938 nach Schweden flüchten, um der drohenden NS-Verfolgung zu entgehen. Im selben Jahr ist sein Buch *Der große alte Mann* (1938) erschienen, das Leben und Wirken des ersten Präsidenten der Tschechoslowakischen Republik, Tomáš G. Masaryk, erzählt. In Schweden arbeitet Hofbauer in mehreren Exilzeitschriften mit. 1948 kehrt er zurück nach Deutschland und

Josef Hofbauer, *Der Marsch ins Chaos* (1930)
UB Wien

übernimmt in Frankfurt am Main die Redaktion der *Sozialistischen Tribüne*, stirbt aber noch im selben Jahr.

Obschon es Österreichs erfolgreichstes Kriegsbuch der Zwischenkriegszeit ist, wurde Josef Hofbauers *Der Marsch ins Chaos* nie neu aufgelegt. Es nimmt die Leser*innen mit in die multinationalen Truppen Österreichs an der italienischen Front. Protagonist Franz Dorniger, ein Wiener Beamter, erlebt nicht allein die desillusionierende Realität der Schlachten, sondern auch die Besonderheiten des Vielvölkerstaates, der sich schließlich auflöst: Als Dorninger nach seiner Verwundung ein zweites Mal an die Front geschickt wird, spitzen sich die ethnischen Spannungen innerhalb der Armee zu. Desertationen häufen sich, ehe die militärische Ordnung völlig zusammenbricht. Ein Jahrzehnt später verklärt Dorninger das Erlebte rückblickend als Abenteuer, das ihn stark gemacht habe. Die Hoffnung, aus den Schrecken des Krieges gelernt zu haben, lebt nur in dem gebildeten Kriegsinvaliden Kirschbauer (der zugleich Hofbauers Alter-Ego-Figur ist) weiter: Er möchte eine „Rede gegen den Krieg“ halten, oder anders gesagt: sozialdemokratische Aufklärungsarbeit leisten.

Adrienne Thomas, *Die Katrin wird Soldat* (1930)
DNB Exilarchiv

Adrienne Thomas

Adrienne Thomas ist das Pseudonym der jüdischen Autorin Hertha A. Strauch, die 1897 in Lothringen geboren wird, zweisprachig in der deutsch-französischen Spannungszone aufwächst und im Jahr 1930 das international erfolgreiche Kriegsbuch *Die Katrin wird Soldat* veröffentlicht. Der Tagebuchroman wird in 15 Sprachen übersetzt und millionenfach verkauft. Er basiert auf den eigenen Erlebnissen und Tagebuchaufzeichnungen der Autorin: Als 17-Jährige meldet Adrienne Thomas sich freiwillig als Rotkreuz-Krankenschwester in Metz und erlebt dort die Kriegsgräuel über die unzähligen Verwundeten hautnah mit. Beide Frauen – die Protagonistin Katrin wie auch ihre Urheberin – werden im Krieg erwachsen. Das Tagebuch der fiktiven Krankenschwester endet im Dezember 1916 und Katrin stirbt kurze Zeit später an den Folgen einer Lungenentzündung, wie es im fiktiven Nachwort heißt. Adrienne Thomas wiederum schließt ihr echtes Tagebuch bereits im Februar 1916, um nach Berlin zu ziehen und dort weiter in der Krankenpflege zu arbeiten. Nach Kriegsende macht sie eine Gesangs- und Schauspielausbildung und heiratet 1921 den Zahnarzt Arthur Lesser, der 1930 jedoch stirbt.

In Deutschland als Jüdin und Pazifistin geächtet und verfolgt, emigriert Thomas 1934 in das damals noch als sicher geltende Wien. In den folgenden Jahren entstehen ihre Mädchenbücher *Andrea* (1937) und *Viktoria* (1937), „Erzählung[en] von jungen Menschen". Auch sie werden vielfach neu aufgelegt. Es sind hoffnungsvolle, menschliche und mutmachende Geschichten für die jungen Leserinnen.

Nach der Annexion Österreichs im März 1938 wird Adrienne Thomas – seit 1933 auf der „Schwarzen Liste" der „Schönen Literatur" geführt – aufgefordert, sich im Gestapo-Hauptquartier einzufinden. Ihr gelingt die Flucht nach Frankreich, wo sie nach dem Einmarsch der deutschen Truppen im Mai 1940 im berüchtigten Frauenlager Gurs interniert wird, später aber gemeinsam mit Toni Kesten in die Pyrenäen fliehen kann. Mit Unterstützung des Schriftstellers Hermann Kesten erhält sie ein Visum für die USA. In New York lernt Thomas ihren zweiten Ehemann kennen, den österreichischen Politiker Julius Deutsch, Anführer des Februaraufstandes von 1934. Von ihren literarischen und journalistischen Arbeiten (unter anderem *Wiener Tageblatt*, *Neue Jüdische Zeitung*, *Free World Magazine*) kann die angesehene Autorin im amerikanischen Exil durchaus leben. Die Stationen ihrer bewegenden Flucht verarbeitet Thomas in ihrem Roman *Reisen Sie ab, Mademoiselle!* (1944). Gemeinsam mit Ehemann Deutsch kehrt sie 1947 nach Wien zurück, wo bis zu ihrem Tod 1980 lebt.

Eva Leidmann

Am 19. April 1935 berichtet das Kulturpolitische Archiv, Amt für Kunstpflege, der Berliner Reichssendeleitung zur Schriftstellerin Eva Leidmann, wohnhaft in Hamburg:

> „Sie hat früher in liberalistischen Kreisen gewirkt und dort ihre Unterstützung gefunden. Am 19.4.34 hat die Württembergische Politische Polizei ihr Buch ‚Wie man sich bettet' beschlagnahmt und eingezogen. Ein weiteres Buch von ihr, ‚Auch meine Mutter freute sich nicht', ist vom Kampfbund für Deutsche Kultur seinerzeit in der Liste der unerwünschten Bücher für Leihbüchereien aufgeführt [...]. Aus neuerer Zeit ist dem Geheimen Staatspolizeiamt Nachteiliges über sie nicht bekannt geworden." (Bundesarchiv: NS 15/158, Bl. 10).

Die genannten Romantitel Eva (Maria) Leidmanns werden als geächtet bestätigt, indem sie 1938 als Einzeltitel auf der ergänzten und revidierten „Liste des unerwünschten Schrifttums" erneut abgedruckt werden. Leidmanns übriges Schaffen findet jedoch Gnade. Die Journalistin und Autorin lebt ab 1934 in Berlin und kann sich bis 1938 mit insgesamt acht Drehbüchern für die Ufa, die allesamt verfilmt werden, ein gutes Auskommen sichern. 1938 kommt ihr letzter Film *Ein Mädchen geht an Land* in die deutschen Kinos, der auf ihrem gleichnamigen, bereits 1935 geschriebenen Roman beruht. Im selben Jahr verstirbt Leidmann an den Folgen einer Blinddarmoperation.

Ihre Lebensstationen skizziert die Autorin in einem Zeitungsbeitrag vom 27. September 1936 in der *Illustrierten Filmwelt*: 1888 kommt sie als ältestes von vier Kindern im oberbayerischen Burghausen zur Welt, wächst in Mühldorf auf, wo sie in der elterlichen Bierwirtschaft kellnert und wo abends erste Aufzeichnungen für ihre späteren Bücher entstehen. 1906 heiratet sie einen Bierbrauer und geht 1908 nach München,

Eva Leidmann, *Auch meine Mutter freute sich nicht!* (1932)
UB Augsburg

kellnert nun dort. 1917 zieht sie nach Hamburg, lässt sich scheiden. 1931 heiratet Leidmann erneut, diesmal einen Kaufmann, von dem sie sich 1934 wieder trennt. Hamburg wird der ehemaligen Kellnerin zur zweiten, zur Wahlheimat. Dort verdient sie zunächst am Theater und Kabarett ihren Lebensunterhalt sowie zusätzlich als Journalistin und Humoreskenschreiberin (*Hamburger Illustrierte*), ehe 1932 ihr erstes Buch erscheint. Einen zumindest geografisch ähnlichen Weg beschreitet die Heldin ihres populären zweiten Romans *Wie man sich bettet* (1933): Fanny Dinzinger kommt als Mädchen vom Land in das Münchener Wirtshaus Gambrinius und landet schließlich – nach allerlei Männerbekanntschaften, Alkoholkonsum, auch Depressionen, ungewollter Schwangerschaft – in einem Hamburger Nachtlokal. Es ist wohl der selbstbewusste, frische und freche Ton, mithin der „männerverachtende Durchblick“ (Weidermann 2008) dieses autobiografisch geprägten Romans, der mit der neuen Geschlechter- und Familienideologie des NS-Regimes unvereinbar war. So sollten Frauen nicht schreiben. Solche bayerischen Mädchen waren als Romanheldinnen, als literarische Identifikationsfiguren Tabu. Sie fehlen denn auch im weiteren Schaffen von Eva Leidmann. Anders als Alice Berend oder Irmgard Keun wird sie trotz zweier Buchverbote in die Reichsschrifttumskammer aufgenommen und darf weiter schreiben. Ihre Drehbücher und heiteren Gedichte lassen jedoch die „feine Boshaftigkeit“ (Weidermann 2008) der Erstlingswerke vermissen.

Andrea Voß

„Man darf da nicht bequem werden und die Augen schließen“

Literatur und Exil

> „Es mag dir pathetisch klingen, aber ich betrachte es als heilige Aufgabe, mitzuhelfen in meiner Art im Kampf gegen Nazitum, menschliche Sturheit, Schlappheit und Barbarei. [...] Was in Deutschland geschieht, geht die ganze Menschheit an. Man darf da nicht bequem werden und die Augen schließen.“ (Irmgard Keun an Arnold Strauss, 5./6.5.1936).

Als Irmgard Keun ihr Verständnis von der Aufgabe der Schriftsteller*innen im Exil 1936 formulierte, hatte sie drei Jahre in der nationalsozialistischen Diktatur gelebt. Sie kannte den Alltag in NS-Deutschland, hatte die zunehmende Entrechtung der Jüdinnen und Juden und der politisch oder aus sonstigen Gründen unliebsamen Personen aus nächster Nähe miterlebt. So verfügte sie über die Informationen, die notwendig waren, um die Lebenswirklichkeit in NS-Deutschland in ihrem Roman *Nach Mitternacht* detailliert darzustellen und die NS-Ideologie mit satirischen Elementen zu enttarnen. Teilweise noch in Deutschland verfasst, konnte der Roman erst veröffentlich werden, nachdem sich Irmgard Keun im Mai 1936 zur Emigration entschlossen hatte. Dem in den Niederlanden ansässigen Verlag Allert de Lange, der die Schriften vieler exilierter Schriftsteller*innen verlegte, war die Publikation des Werkes allerdings zu riskant. Der ebenfalls in Amsterdam wirkende Querido-Verlag sprang ein und brachte *Nach Mitternacht* 1937 heraus.

Wie Irmgard Keun befassten sich viele der aus NS-Deutschland geflohenen Autor*innen in Reportagen, Pamphleten und literarischen Werken mit den Geschehnissen im nationalsozialistischen Deutschland, blickten auf die Gesellschaft, den vergeblich erhofften innerdeutschen Widerstand, die zunehmende Entrechtung und Verfolgung. Gerhard Seger: *Oranienburg*, Willi Münzenberg: *Das Braunbuch über Reichstagsbrand und Hitler-Terror*, Anna Seghers: *Das siebte Kreuz*, Lion Feuchtwanger: *Geschwister Oppenheim*, Klaus Mann: *Mephisto*, Hermynia zur Mühlen: *Unsere Töchter, die Nazinen* und Arnold Zweig: *Das Beil von Wandsbek* sind Beispiele dafür. Allerdings konnten bei der Darstellung der Ereignisse nur wenige Schriftsteller*innen auf die eigene Anschauung zurückgreifen. Ihre Schilderungen beruhten mit zunehmender räumlicher Entfernung auf den Informationen, die sie der Exilpresse und anderen Nachrichtenquellen entnahmen. Die Exilzeitschriften, darunter *Die Sammlung* (1933–1935), *Neue Deutsche Blätter* (1933–1935), *Das Wort* (1936–1939), *Maß und Wert* (1937–1940) und *Aufbau/Reconstruction* (1934–1966) boten zudem Veröffentlichungsmöglichkeiten, waren Austragungsorte für Debatten und informierten über Auswanderungsmöglichkeiten und Aufnahmeländer.

Ungefähr 10 000 Kulturschaffende, darunter circa 2 000 Schriftsteller*innen hatten den Einflussbereich der NS-Diktatur nach 1933 verlassen. Zensur, Isolation, Berufsverbote, Freiheitsentzug, Gewalterfahrung und rassistische Verfolgung hatten sie ins Exil gezwungen. Als Vertreter*innen der literarischen Avantgarde, als politische Oppositionelle und als Jüdinnen und Juden waren viele mehrfach gefährdet. Nach der Machtübernahme durch die Nationalsozialisten wurden sie von der Teilhabe am Kulturleben sukzessive ausgeschlossen. Die Bücherverbrennungen 1933, die Gründung der Reichskulturkammer im Herbst 1933, die Einführung der Nürnberger Gesetze 1935, die Novemberpogrome 1938 und das Auswanderungsverbot 1941 kennzeichnen den Weg von der zunehmenden Entrechtung und Isolierung bis zur Vernichtung. Fanden die Autor*innen zunächst Zuflucht in europäischen Ländern wie Frankreich, Niederlande und Großbritannien, wurden sie mit der zunehmenden Ausweitung des Einflussbereichs der NS-Diktatur zur Weiterflucht nach Übersee gezwungen, „öfters die Länder als die Schuhe wechselnd", wie Bertolt Brecht es ausdrückte. Dabei galt es zunächst, die meist restriktiven Einwanderungsbestimmungen und -hürden der Gastländer zu überwinden.

Vielfach ging mit dem Exil eine existenzielle Verunsicherung einher, die für manche so unerträglich war, dass sie ihr Leben beendeten. Walter Hasenclever, Ernst Toller, Ernst Weiss wählten diesen Weg. Wer außer Landes getrieben wurde, verlor viel: Das Gefühl der Zugehörigkeit, die eigene Identität wurden erschüttert, der erreichte Status fraglich, Publikumsbindung, Netzwerke, familiäre und soziale Bindungen, eingeübte Publikationswege wurden zerstört, die materielle Sicherheit war oft nicht mehr gegeben. Doch der Gang ins Exil konnte auch kreative Impulse auslösen, weil die Arbeit in Freiheit, ohne Zensur und Bedrohung möglich wurde, die Begegnung mit einem neuen Kulturraum anregend war und neue Horizonte eröffnete. In vielen Aufnahmeländern trafen die Schriftsteller*innen wie andere Exilierte allerdings auf große Herausforderungen. Berufsverbote, eine nur temporäre Duldung, finanzielle Sorgen und die Angst vor Auslieferung waren schlechte Rahmenbedingungen für die Produktion von Literatur. „[M]eine Lage ist im Augenblick völlig aussichtslos. Ich bin in meinem Hotel 2 Monate Miete schuldig, und in einigen Tagen laufen meine Papiere ab. […] Ich musste oft schwere physische Arbeiten verrichten, um nicht zu verhungern", schrieb die nach Frankreich emigrierte Schriftstellerin Maria Leitner am 7. Oktober 1938 an die Hilfsorganisation Deutsche Akademie im Exil/American Guild for German Cultural Freedom. Unter diesen Bedingungen war die Weiterarbeit schwer.

Der Verlauf des Exils war von vielen weiteren Faktoren abhängig. Hatten die exilierten Schriftsteller*innen schon früher international gearbeitet und konnten so im Aufnahmeland an bestehende Netzwerke anknüpfen? Hatten sie geordnet ausreisen und Besitz und Manuskripte ausführen können oder waren sie zur überstürzten Flucht gezwungen? Waren sie traumatisiert, hatten Haft oder Gewalt erfahren, Familienmitglieder verloren? Stießen sie in ihren Gastländern auf eine offene Gesellschaft, die interessiert war an neuen Perspektiven und den Eingewanderten Chancen bot? Im Exil galt es, sich neu zu erfinden.

Zugleich fühlten sich viele exilierte Schriftsteller*innen dazu berufen, die deutsche Literatur vor 1933 sichtbar fort-

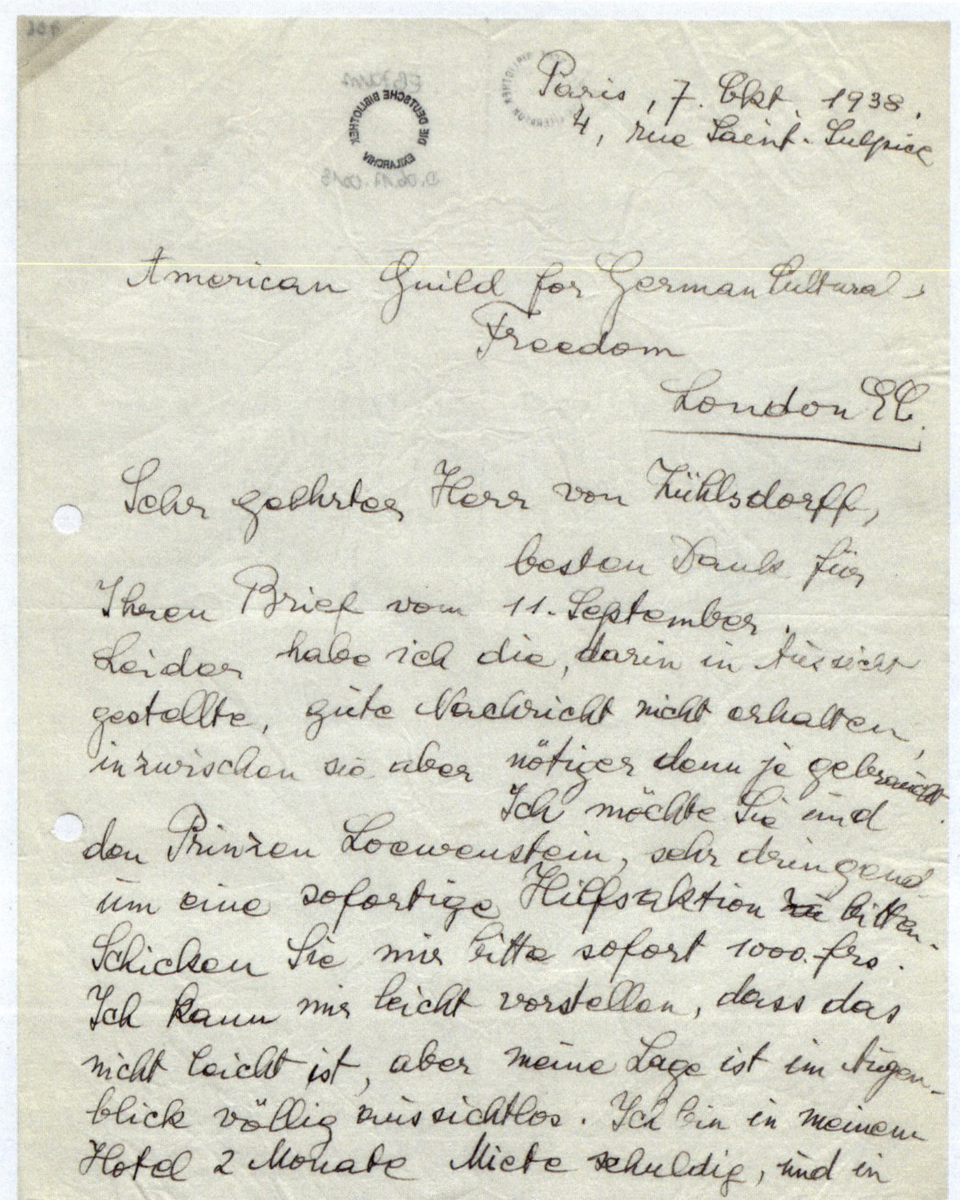

Paris, 7. Okt. 1938.
4, rue Saint-Sulpice

American Guild for German Cultural Freedom
London EC.

Sehr geehrter Herr von Zühlsdorff,

besten Dank für Ihren Brief vom 11. September. Leider habe ich die, darin in Aussicht gestellte, gute Nachricht nicht erhalten, inzwischen sie aber nötiger denn je gebraucht. Ich möchte Sie und den Prinzen Loewenstein, sehr dringend um eine sofortige Hilfsaktion ~~zu~~ bitten. Schicken Sie mir bitte sofort 1000.frs. Ich kann mir leicht vorstellen, dass das nicht leicht ist, aber meine Lage ist im Augenblick völlig aussichtslos. Ich bin in meinem Hotel 2 Monate Miete schuldig, und in

Brief von Maria Leitner an die American Guild for German Cultural Freedom, Paris, 7. Oktober 1938

Archiv der American Guild for German Cultural Freedom, New York/
Deutsche Akademie im Exil, EB 70/117-D.06.17.0013,
Deutsches Exilarchiv 1933–1945 der Deutschen Nationalbibliothek

einigen Tagen laufen meine Papiere ab. Ich darf nicht auch noch mit den Behörden, besondere Schwierigkeiten bekommen.

Leider gehören ich zu jenen Schriftstellern, die, obgleich ich mehrere Bücher veröffentlichte und in der Emigration immer, oft in grösster Gefahr, für die antifaschistische Sache gearbeitet habe, nie eine Arbeitsbeihilfe. Ich wurde nie unterstützt. Ich musste oft schwere physische Arbeiten verrichten, um nicht zu verhungern. Das Ende: ein physischer Zusammenbruch. Ich habe, so lange es ging, um keine Hilfe gebettelt, aber sollen deshalb jene, die immer unterstützt wurden, bevorzugt werden, während man mich verhungern lässt.

Tausend frs. könnten mir über das Schlimmste hinweghelfen, aber ich müsste sie sofort bekommen. Seien Sie mir wegen diesen Brief nicht böse

Es grüsst Sie bestens

Maria Leitner

zusetzen, denn nicht die gleichgeschalteten in NS-Deutschland verbliebenen Literat*innen sollten als Vertreter*innen der deutschen Literatur wahrgenommen werden, sondern die exilierten. Dafür war es notwendig, sich zusammenzuschließen. Schriftsteller*innenvereinigungen wurden gegründet, Kongresse organisiert. Im Sommer 1933 konstituierte sich der „Schutzverband deutscher Schriftsteller im Exil" in Paris, im Dezember 1933 wurde der deutsche PEN-Club im Exil gegründet, 1935 in New York die Deutsche Akademie im Exil/American Guild for German Cultural Freedom. Neben ihrer Funktion als Interessenvertretungen der exilierten Schriftsteller*innen vermittelten diese Vereinigungen das Gefühl der Zugehörigkeit und boten konkrete Hilfe.

Weder ideologisch noch von ihren künstlerisch-ästhetischen Positionen her bildeten die exilierten Literat*innen aber eine homogene Gruppe. Insbesondere gegen die kommunistisch geprägten Bündelungsversuche formierten sich in unterschiedlichen Zufluchtsländern Gegengruppierungen, sodass das literarische Exil in einer Vielzahl von zum Teil widerstreitenden Vereinigungen Ausdruck fand. Unterschiedlich waren auch die Perspektiven auf das, was Literatur im Exil sein und leisten sollte. Die in Exilzeitungen ausgetragenen Expressionismus- und Realismus-Debatten oder die Auseinandersetzungen um den Historischen Roman zeugen davon. Ist es trotz der Vielfalt der Positionen zulässig, von Exilliteratur zu sprechen? Zählt ein Werk zur Exilliteratur, wenn es im Exil entstanden ist? Muss es das Exil thematisieren, politisch motiviert sein, Widerstand leisten? Was unter Exilliteratur subsumiert wird, lässt sich nicht auf einen einfachen Nenner bringen, und der Blick darauf ist Änderungen unterworfen. Neben Werken, die darauf zielten, die Welt über die verbrecherischen Geschehnisse in der NS-Diktatur aufzuklären, stehen „Zeitromane", die das Exil selbst, die Flüchtlingspolitik, Verlusterfahrungen, Orientierungslosigkeit zum Thema haben. Lion Feuchtwangers *Exil*, Irmgard Keuns *Kind aller Länder*, Klaus Manns *Vulkan. Roman unter Emigranten* und Anna Seghers' *Transit* sind dafür Beispiele. Daneben entstanden die in kritischen Debatten als eskapistisch eingeordneten Historischen Romane, denen dieser Vor-

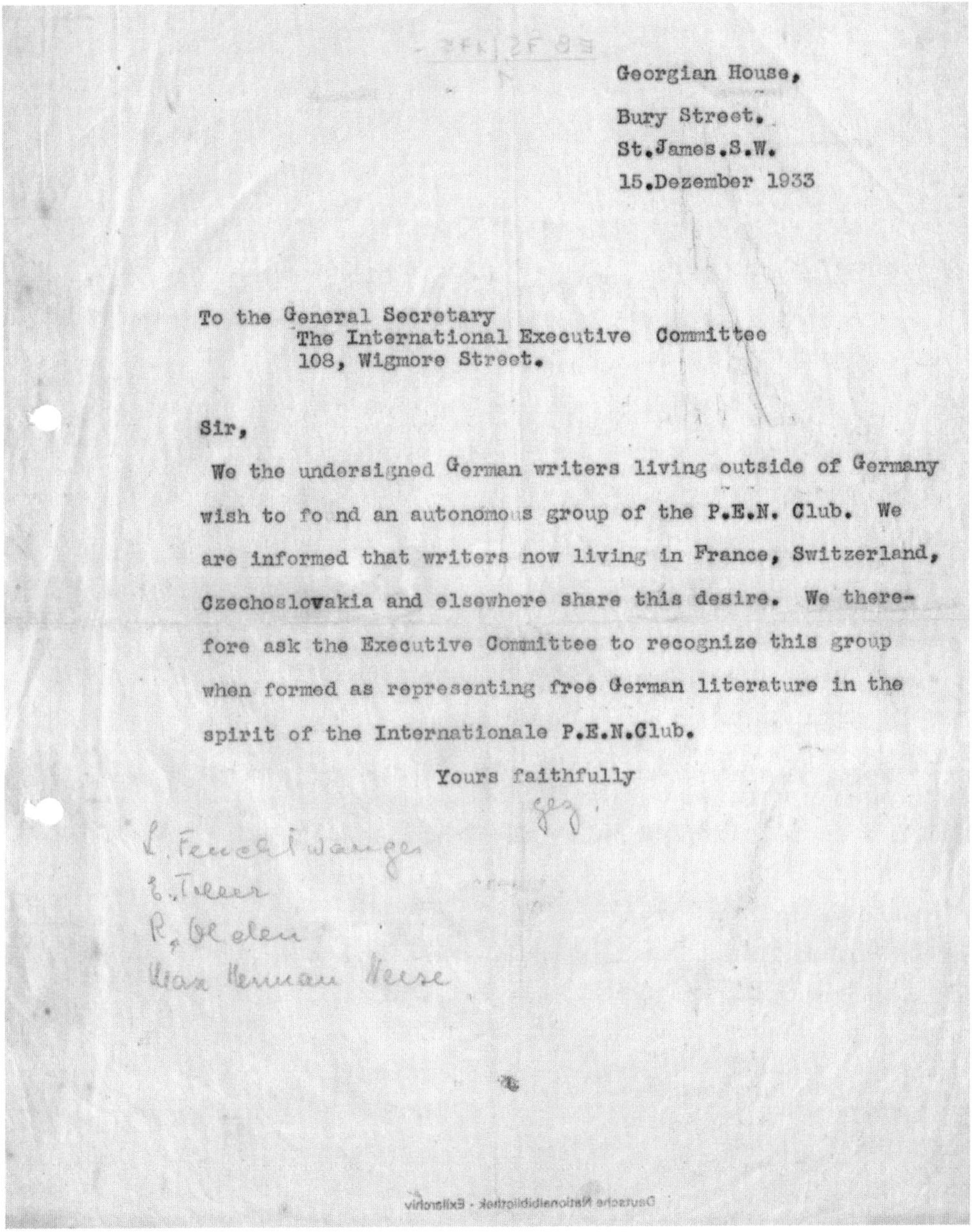

Georgian House,

Bury Street.

St.James.S.W.

15.Dezember 1933

To the General Secretary
The International Executive Committee
108, Wigmore Street.

Sir,

We the undersigned German writers living outside of Germany wish to found an autonomous group of the P.E.N. Club. We are informed that writers now living in France, Switzerland, Czechoslovakia and elsewhere share this desire. We therefore ask the Executive Committee to recognize this group when formed as representing free German literature in the spirit of the Internationale P.E.N.Club.

Yours faithfully

gez.

L. Feuchtwanger
E. Toller
R. Olden
Max Herrmann Neisse

Gründungsschreiben des Deutschen PEN-Clubs im Exil, London, 15. Dezember 1933

Unterlagen des Deutschen PEN-Clubs im Exil („Exil-PEN"): 1933–1940, EB 75/175-D.01.0001, Deutsches Exilarchiv 1933–1945 der Deutschen Nationalbibliothek

Türschild der American Guild for German Cultural Freedom, New York, um 1938

Archiv der American Guild for German Cultural Freedom, New York/Deutsche Akademie im Exil, EB 70/117, Deutsches Exilarchiv 1933–1945 der Deutschen Nationalbibliothek

wurf so pauschal allerdings nicht zu machen war. Heinrich Manns Roman *Die Jugend des Königs Henri Quatre*, Bertolt Brechts *Die Geschäfte des Herrn Julius Caesar* oder Lion Feuchtwangers *Der falsche Nero* wurden schon bei Erscheinen als antifaschistische Literatur wahrgenommen. Gegen Ende des Exils, wenn es denn ein Ende hatte, entstanden die als „Epochenromane" bezeichneten Werke wie Thomas Manns *Doktor Faustus* und Hermann Brochs *Tod des Vergil*. Neben dem Roman als dominierender Gattung der Exilliteratur stehen Drama, Essay und Lyrik, die zu veröffentlichen eine noch größere Herausforderung war. Bertolt Brecht, Max Herrmann-Neiße, Mascha Kaléko, Else Lasker-Schüler oder Karl Wolfskehl schufen beeindruckende Gedichte. Seltener erschienen im Exil Werke, die Themen des Gastlandes und der neuen Lebenswirklichkeit aufgriffen, ohne auf die Erfahrungen des Exils oder die Geschehnisse in NS-Deutschland ausgerichtet zu sein. Vicki Baum, die „erstklassige Schriftstellerin zweiter Güte", wie sie sich in ihren Memoiren selbst bezeichnete, ist eine Ausnahme. Sie platzierte Bestseller auf dem US-amerikanischen Buchmarkt. Neben ihren Themen waren es das Genre Unterhaltungsroman und der Wechsel in die englische Sprache, die ihren Erfolg mitbegründeten. Die Mehrzahl der aus dem Machtbereich der nationalsozialistischen Diktatur emigrierten Schriftsteller*innen hielt an der deutschen Sprache als ihrer literarischen Sprache fest. Günther Anders sprach vom „Stammeldasein", die deutsche Sprache sei „das einzige unraubbare Gut [...], das einzige Stück Zuhause, das [die Schriftsteller*innen] selbst im Zustande restloser Entwürdigung noch beherrschten". War für die einen das Weiterarbeiten in der deutschen Sprache ein Akt der Selbstvergewisserung, wechselten andere in die Sprache des Aufnahmelandes, so beispielsweise Vicki Baum, Heinz Liepman, Maria Gleit oder Klaus Mann. „Doch, man kann englisch schreiben – es kommt auf den Versuch an. [...] Ich gehöre zu denen, die den Sprung gewagt haben – wir sind unserer nicht viele", führte Klaus Mann aus, aber auch er sah die Herausforderung: „Je tiefer man ins Englische eindringt, desto klarer wird man sich der eigenen Unzulänglichkeit. [...] Wird es darauf hinauslaufen, dass man das Deutsche verlernt, ohne das Englische jemals wirklich zu beherrschen?" Der Wechsel in die Sprache des Gastlandes konnte Zeichen des Akkulturationswillens und zugleich ein bewusster Einschnitt, eine Abkehr von der „Sprache der Täter" sein. Für die Verbreitung ihrer Texte in den Aufnahmeländern waren die Schriftsteller*innen auf Übersetzungen angewiesen, die ebenfalls kontrovers diskutiert wurden. Für Lion Feuchtwanger beispielsweise verlor ein Text durch Übersetzung seinen „Duft", sein „Leben". Das Verhältnis von Übersetzung und Originaltext verhalte sich „wie eine Übertragung der Bibel in Basic English zum Worte des Herrn", so Feuchtwanger. Ob auf Deutsch, übersetzt oder in der Sprache des Aufnahmelandes verfasst, stellte sich im Exil die Frage nach dem Publikum. Spätestens seit Beginn des Zweiten Weltkriegs blieb der Absatzmarkt in den Ländern und Gebieten mit deutschsprachigem Publikum versperrt. Welche Werke stießen also auf Interesse bei den Leser*innen und Verlagen der Aufnahmeländer? Wie schwer es war, auf den Märkten der Zufluchtsländer Fuß zu fassen, zeigt das Preisausschreiben der Deutschen Akademie im Exil, dessen Ziel es war, deutschsprachige Werke auf dem amerikanischen Markt zu platzieren. Es endete ergebnislos, weil der amerikanische Verlag Little, Brown and Company sich geweigert hatte, das Gewinnermanuskript *Es ist später denn ihr wißt* von Arnold Bender zu veröffentlichen. Der Hauptgutachter Richard A. Bermann brachte es in seinem Brief an Prinz Hubertus zu Löwenstein vom 20. Juli 1939 auf den Punkt: „Jetzt ist die Sachlage geklärt: kein Buch, das wir Deutschen für gut genug erklärt haben, gefällt unseren amerikanischen Partnern. Father, I don't like Amerika." Die Kriterien der exilierten Gutachter hatte der Roman erfüllt, nicht aber die des amerikanischen Buchmarktes. Anna Seghers' Roman *Das siebte Kreuz*, den der Verlag Little, Brown and Company 1942 in englischer Übersetzung herausbrachte, wurde dagegen ein Bestseller. Für viele exilierte Schriftsteller*innen war es eine große Herausforderung, ihre Themen und Schreibweisen an das Publikum ihrer Gastländer anzupassen.

Interessierte Verlage zu finden, war eine Herausforderung für die exilierten Schriftsteller*innen, die daher selbst Verlage in ihren Aufnahmeländern gründeten, darunter El Libro Libre, Mexiko, Édition du Phénix, Paris, Aurora Verlag, New York. Aber auch bestehende Verlage wie Édition du Carrefour, Paris, Malik-Verlag, Prag, Bermann Fischer, Wien, Bonnier, Stockholm, die Verlage von Emil Oprecht in Zürich sowie die Publikationshäuser Allert de Lange und Querido in Amsterdam boten Publikationsmöglichkeiten. Wie auch die Exilzeitschriften existierten viele der Verlage unter den erschwerten Bedingungen nur für kurze Zeit. Trotz aller Widrigkeiten entstand im Exil eine beachtliche literarische Produktion.

Nach 1945 stellte sich für viele exilierte Kulturschaffende die Frage, ob sie zurückkehren oder bleiben sollten. Viele entschieden sich gegen die Remigration – aus unterschiedlichen Gründen. Sie waren im Aufnahmeland heimisch geworden, hatten dort Familien und Netzwerke gegründet. Andere blickten skeptisch auf Deutschland. Konnte man in ein Land zurückkehren, aus dem man vertrieben worden war, in dem die eigenen Werke verboten und verbrannt worden waren und dessen Ziel die Vernichtung der europäischen Jüdinnen und Juden gewesen war? Hatte sich das Land geändert? War man dort willkommen? Manche kehrten temporär zurück, andere nach einer Zeit des Abwartens. Von dem Schriftsteller Walter von Molo, der den Exilierten vorgeworfen hatte, sie hätten von „den Logen und Parterreplätzen des Auslands der deutschen Tragödie zugeschaut", öffentlich zur Rückkehr aufgefordert, legte Thomas Mann am 28. September 1945 in der Zeitschrift *Aufbau/Reconstruction* seine Gründe in dem Beitrag „Warum ich nicht nach Deutschland zurückgehe" unmissverständlich dar:

> „Ich gestehe, dass ich mich vor den deutschen Trümmern fürchte – den steinernen und den menschlichen. Und ich fürchte, dass die Verständigung zwischen einem, der den Hexensabbat von außen erlebte, und Euch, die Ihr mitgetanzt und Herrn Urian aufgewartet habt, immerhin schwierig wäre."

Wenn die Mehrzahl der Exilierten auch nicht in Person zurückkehrte, wurden doch viele ihrer Werke insbesondere seit den späten 1960er Jahren rezipiert und erforscht. Manche Titel, wie der Roman *Ein Mann liest Zeitung* von Justin Steinfeld, werden aktuell neu ediert und dadurch den Leser*innen wieder zugänglich. Andere Werke werden Jahrzehnte nach ihrem Entstehen erstmals veröffentlicht. Achtzig Jahre nachdem der 1938 nach Luxemburg geflohene Schriftsteller Ulrich Alexander Boschwitz seinen Roman *Der Reisende* verfasst hatte, wurde sein Werk erstmals in deutscher Sprache veröffentlicht und fasziniert seitdem ein großes Publikum. Viele Schriften des in die Sowjetunion und später in die USA emigrierten Autors Hermann Borchardt werden erst jetzt erstmalig in einer Werkausgabe zugänglich. Viele andere Beispiele wären zu nennen. Ob im Exil veröffentlicht oder später, für alle gilt: Sie bleiben, wenn wir sie lesen.

Sylvia Asmus

Meinungsfreiheit und die Vernichtung des Demokratischen

Über die anhaltende Aktualität der Bücherverbrennungen

„History doesn't repeat itself; it rhymes." Dieser Satz, der dem US-amerikanischen Schriftsteller Mark Twain zugeschrieben wird, wird gerne zitiert, wenn darüber philosophiert wird, ob sich historische Ereignisse oder Zustände zu einem späteren Zeitpunkt wiederholen können. Was aber bedeutet dieser Ausspruch? In ihm steckt die Einsicht, dass es verwegen wäre zu behaupten, bestimmte Geschehnisse würden eines Tages in exakt der gleichen Form erneut passieren. Dagegen spricht alles, was wir über Geschichte als sich fortlaufend, dynamisch entwickelnden und verändernden Prozess wissen. Um die Gegenwart zu verstehen, suchen wir jedoch ständig nach Mustern, die uns bekannt vorkommen, nach Parallelen zu anderen Zeitaltern. Dabei kann es sich um spezifische Komponenten eines Ereignisses oder um Konstellationen in dessen Kontext handeln. Wie zwei Wörter, bei denen bestimmte Silben oder Buchstaben wiederkehren, können sich in diesem Sinne also auch zwei oder mehrere historische Ereignisse aufeinander reimen.

Betrachtet man die nationalsozialistischen Bücherverbrennungen seit 1933, so ist zunächst einmal festzustellen, dass diese Teil einer langen und globalen Tradition kultureller Vernichtung sind. Bereits im 3. Jahrhundert vor unserer Zeitrechnung soll der chinesische Kaiser Qin Shi Huang Di unliebsame Texte verbrannt haben, um die Autorität der von ihm bevorzugten Denkweise zu stärken. Im Neuen Testament ist die Verbrennung heidnischer Texte im Zuge der Missionstätigkeit des Apostel Paulus in Ephesus überliefert, eine Erzählung, die die römisch-katholische Kirche seit dem 4. Jahrhundert immer wieder als Begründung herangezogen hat, um unerwünschte Schriften zu vernichten. Den

Höhepunkt dieser Praxis bildete die Inquisition, durch deren Urteile im Mittelalter beileibe mehr als nur Bücher auf dem Scheiterhaufen landeten. Aber auch in der Neuzeit und bis heute wurden immer wieder Bücher und andere kulturelle Erzeugnisse verbrannt, von der Zerstörung der Maya-Codices durch spanische Kolonialisten im 16. Jahrhundert bis hin zum Niederbrennen der Bibliothek von Jaffna durch Singhalesen in Sri Lanka im Jahre 1981.

Die verschiedenen Bücherverbrennungen eint der gezielte Einsatz von Feuer, der eine Macht ausstrahlt, die die handelnden Akteure berauscht und ihre Gegner in Angst und Schrecken versetzt. Das faszinierende und terrorisierende Potenzial der Massensuggestion verstanden die Nazis sehr gut einzusetzen und haben dieses in einer Vielzahl von schrecklich-theatralischen öffentlichen Großveranstaltungen auf die Spitze getrieben. Mit der gezielt durch vorgegebene Abläufe und vorformulierte Feuersprüche inszenierten Aktion „Wider den undeutschen Geist" haben sie am 10. Mai 1933 allen, die es begreifen wollten, ihren Willen zu kultureller Vernichtung und geistigem Totalitarismus vor Augen geführt. Alles, was dem eigenen Weltbild widersprach, sollte ausgelöscht werden. Es gab für die Nazis nur eine akzeptable Art und Weise, die Welt zu verstehen und in ihr zu handeln. Abweichende Meinungen und Einstellungen hatten in Deutschland und damit auch in der restlichen Welt keine Berechtigung (mehr).

In seiner Rede zur Bücherverbrennung auf dem Berliner Opernplatz sprach der nationalsozialistische Propagandaminister Joseph Goebbels vom „Recht [...], den geistigen Unflat in die Flammen hineinzuwerfen", aus dessen „Trümmern [...] der Phönix eines neuen Geistes" emporsteigen sollte. Was Goebbels den versammelten Student*innen vorenthielt, ist, dass der „neue Geist" in Wahrheit bereits – ebenso wie der Ablauf des ihnen gerade vorgeführten Spektakels – vordefiniert war und alle, die sich diesem widersetzen wollten oder die aus anderen „Gründen" nicht in das dargestellte irrational-rassistische Weltbild passten, von nun an um ihr Leben fürchten mussten. 1821 schrieb Heinrich Heine in seiner Tragödie *Almansor* über die Eroberung von Granada um 1500, bei der spanische Inquisitoren den Koran verbrannten:

> „Das war ein Vorspiel nur, dort wo man Bücher
> Verbrennt, verbrennt man auch am Ende Menschen."

In den folgenden zwölf Jahren nach den ersten Bücherverbrennungen brachten das Deutsche Reich und seine Verbündeten einer Statistik des United States Holocaust Memorial Museum zufolge siebzehn Millionen Menschen um, darunter sechs Millionen Juden.

Warum sind die nationalsozialistischen Bücherverbrennungen für uns heute noch relevant? Könnten Komponenten dieser Geschehnisse uns in einem veränderten Kontext und einem anderen Gewand wiederbegegnen? Sind sie zum Teil in unserer Gesellschaft schon präsent? Auf den ersten Blick ist die Situation in Deutschland eine ganz andere als vor neunzig Jahren. Nach der Kapitulation der Nationalsozialisten und dem Fall des Eisernen Vorhangs hat sich in der wiedervereinigten Bundesrepublik Deutschland eine liberal-demokratische Gesellschaftsordnung etabliert, die als Gegenentwurf zur NS-Zeit zu verstehen ist. Hatte sich in dieser das Individuum ohne Frage dem Führerprinzip unterzuordnen, wird in jener die Würde jedes einzelnen Menschen als höchstes Rechtsgut verteidigt. Während die Nazis kritische Bücher auf den Scheiterhaufen warfen und den Handel mit ihnen verbaten, hat in unserer Gesellschaft jeder Mensch „das Recht, seine Meinung in Wort, Schrift und Bild frei zu äußern und zu verbreiten" (Art. 5 GG). Die Meinungsfreiheit lädt jeden dazu ein, sich am Meinungsbildungsprozess zu beteiligen, aus dem ein politischer Wille entsteht, der sich in periodisch wiederkehrenden freien und geheimen Wahlen äußert. Die Meinungsfreiheit ist einer der zentralen Bausteine unserer demokratischen Gesellschaft. Die Frage ist nur: Nutzen wir sie auch in diesem Sinne?

Damit die Meinungsfreiheit ihr gerade skizziertes Potenzial in einer demokratischen Gesellschaft entfalten kann, müssen wichtige Voraussetzungen erfüllt werden. Zunächst bedarf es aufseiten der individuellen Bürgerinnen und Bürger der Fähigkeit, überhaupt eine Meinung zu bilden. Dafür braucht es eine gedankliche und sprachliche Ausbildung, die heranwachsenden Menschen in unserer Gesellschaft beibringt, die Welt aufmerksam wahrzunehmen, diese zu reflektieren und mithilfe möglichst vieler Informationsquellen zu verstehen. Sie benötigen Zugang zu Medien als Trägern von Informationen und müssen lernen, diese zu rezipieren, zu bewerten und mit alternativen Darstellungen zu vergleichen. Des Weiteren kann die Demokratie nur dann funktionieren, wenn die Menschen dazu in der Lage sind, ihre Meinung auch zu äußern, und zwar so, dass sie Teil eines öffentlichen Gesprächs werden kann. Neben einer gewissen sprachlichen Fertigkeit setzt das ein Verständnis und Bewusstsein für die eigene Begrenztheit voraus, gepaart mit einem Respekt für und aufrichtigem Interesse an den Meinungen Anderer. Das bedeutet nicht, dass man nicht versuchen sollte, für seine Ansichten zu argumentieren und andere davon zu überzeugen. Man sollte jedoch auch imstande sein, Gegenargumente zu hören, zu bewerten – gegebenenfalls mit der Bereitschaft, die eigene Meinung zu ändern.

Betrachtet man den Zustand des öffentlichen Diskurses der Gegenwart, ist unsere Gesellschaft weit davon entfernt, diese Voraussetzungen zu erfüllen. Während tonangebende Meinungsbildner in Talkshows vorformulierte Statements als Meinungen verkaufen, verlieren immer mehr Menschen den Respekt vor als abgehoben wahrgenommenen „Eliten". Sie interessieren sich kaum noch für traditionelle Medien mit redaktionellen Standards und nehmen in den Sozialen Medien die Meinungsfreiheit dafür in Anspruch, um ihre Mitmenschen anzugreifen und gegen sie zu hetzen. Dass verletzenden Worten auch Taten folgen können, haben uns in den letzten Jahren Terrorakte wie der Mord am Kasseler Regierungspräsidenten Walter Lübcke, die Ermordung von neun Menschen mit Migrationshintergrund in Hanau oder die Erschießung eines jungen Tankstellenmitarbeiters, der einen Kunden auf die Maskenpflicht hingewiesen hatte, gezeigt. Diese offenbaren, wozu Menschen imstande sind, wenn sie das Vertrauen in den demokratischen Prozess verloren haben und sich im ausschließlichen Austausch mit Gleichgesinnten gegenseitig aufhetzen.

Eine demokratische Gesellschaft kann mit diesem Zustand nicht zufrieden sein. Sie sollte alles dafür tun, um sicherzustellen, dass die Pressefreiheit nicht nur auf dem Papier steht, sondern tatsächlich zu einer Vielfalt an Berichten, Analysen und Bewertungen eines Sachverhalts von öffentlichem Interesse führt. Und sie sollte Zeit und Ressourcen dafür aufbringen, junge Menschen nicht nur für die Teilnahme an der Marktwirtschaft vorzubereiten, sondern ihnen beizubringen, was es bedeutet, Teil einer demokratischen Gesellschaft zu sein. Alle Bürgerinnen und Bürger sollten die Möglichkeit haben und dazu motiviert werden, sich am öffentlichen Meinungsbildungsprozess in einer sozialen Art und Weise zu beteiligen, die andere Meinungen respektiert und sich für diese interessiert. Die nationalsozialistischen Bücherverbrennungen ab 1933 sind ein warnendes Beispiel dafür, was mit einer Gesellschaft passieren kann, die nicht in der Lage ist, sich friedlich über einen gemeinsamen Weg in die Zukunft zu verständigen. Lasst uns alles dafür tun, um Entwicklungen, die in eine ähnliche Richtung zeigen, zu erkennen, ihnen entgegenzuwirken und die Voraussetzungen dafür zu schaffen, dass der uralte Reim kultureller und zwischenmenschlicher Vernichtung endlich aufhören möge.

John Steinmark

Verwendete und weiterführende Literatur

Zu den Bücherverbrennungen

„Das war ein Vorspiel nur ..." Bücherverbrennung Deutschland 1933. Hrsg. von Hermann Haarmann, Walter Huder und Klaus Siebenhaar (Katalog zur Ausstellung in der Akademie der Künste), Berlin/Wien 1983.

Sauer, Gerhard (Hrsg.): Die Bücherverbrennung. 10. Mai 1933, München/Wien 1983.

Schoeps, Julius H./Treß, Werner (Hrsg.): Orte der Bücherverbrennungen in Deutschland 1933, Hildesheim/Zürich/New York 2008.

Schoeps, Julius H./Treß, Werner (Hrsg.): Verfemt und Verboten. Vorgeschichte und Folgen der Bücherverbrennungen 1933, Hildesheim/Zürich/New York 2010.

Treß, Werner (Hrsg.): Verbrannte Bücher 1933. Mit Feuer gegen die Freiheit des Geistes, Bonn 2009.

Treß, Werner: „Wider den undeutschen Geist". Bücherverbrennung 1933, Berlin 2003.

Walberer, Ulrich (Hrsg.): 10. Mai 1933. Bücherverbrennung in Deutschland und die Folgen, Frankfurt am Main 1983.

Zu den Verb(r)annten

Günther, Stephanie: Weiblichkeitsentwürfe des Fin de Siècle. Berliner Autorinnen: Alice Berend, Margarete Böhme, Clara Viebig, Bonn 2007.

Heuer, Renate (Hrsg.): Lexikon deutsch-jüdischer Autoren. 21 Bde., München/Berlin 1992–2013.

Kilcher, Andreas B. (Hrsg.): Metzler Lexikon der deutsch-jüdischen Literatur. Jüdische Autorinnen und Autoren deutscher Sprache von der Aufklärung bis zur Gegenwart. 2., akt. und erw. Auflage, Stuttgart 2012.

Kriegleder, Wynfrid: Leider vergriffen. Vergessene österreichische Weltkriegsromane der Zwischenkriegszeit. In: Zagreber germanistische Beiträge 25, 1 (2016), S. 45f., DOI: https://doi.org/10.17234/ZGB.25.4 (abgerufen 31.1.2023).

Kuegeler, Ina: Eva Leidmann. In: Literaturportal Bayern, https://www.literaturportal-bayern.de/autorinnen-autoren?task=lpbauthor.default&pnd=138356971 (abgerufen 31.1.2023).

Kühlmann, Wilhelm (Hrsg.): Killy Literaturlexikon. Autoren und Werke des deutschsprachigen Kulturraumes. 2., vollst. überarb. Aufl. 2009. 13 Bde., Berlin u. a. 2008–2012.

Wall, Renate: Lexikon deutschsprachiger Schriftstellerinnen im Exil: 1933–1945, 2 Bde., Freiburg im Breisgau 1995.

Weidermann, Volker: Das Buch der verbrannten Bücher, Köln 2008.

Zimmermann, Marco: Josef Hofbauer und „Der Marsch ins Chaos". Ein Roman über den Ersten Weltkrieg von einem Arbeiterschriftsteller aus Teplitz, https://deutsch.radio.cz/josef-hofbauer-und-der-marsch-ins-chaos-ein-roman-ueber-den-ersten-weltkrieg-von-8560772 (abgerufen 17.9.2022).

Zitzlsperger, Ulrike: Kriegs- und Generationszeugen: Adrienne Thomas und Vera Brittain. In: Zagreber germanistische Beiträge 25, 1 (2016), S. 161–178, DOI: https://doi.org/10.17234/ZGB.25.10.

Zu Literatur und Exil

Anders, Günther: Das Stammeldasein. In: Die Schrift an der Wand, München 1967, S. 89–93.

Baum, Vicki: Es war alles ganz anders. Erinnerungen, Köln 1987.

Borchardt, Hermann: Werke. Hrsg. von Hermann Haarmann, Christoph Hesse und Lukas Laier, Göttingen 2021ff.

Boschwitz, Ulrich Alexander: Der Reisende. Hrsg. und mit einem Nachwort versehen von Peter Graf, Stuttgart 2018.

Die deutsche Exilliteratur 1933–1945. Perspektiven und Deutungen. Hrsg. von Sonja Klein und Sikander Singh, Darmstadt 2015.
Feilchenfeldt, Konrad: Deutsche Exilliteratur 1933–1945. Kommentar zu einer Epoche, München 1986.
Feuchtwanger, Lion: Der Schriftsteller im Exil. In: Ein Buch nur für meine Freunde, Frankfurt am Main 1984, S. 533–538.
Fischer, Ernst: Geschichte des deutschen Buchhandels im 19. und 20. Jahrhundert. Band 3, Teil 3: Exilbuchhandel 1933–1945. Frankfurt am Main 2021.
Handbuch der deutschsprachigen Emigration 1933–1945. Hrsg. von Claus-Dieter Krohn, Patrik von zur Mühlen, Gerhard Paul und Lutz Winckler, Darmstadt 1988. – Darin insbesondere folgende Aufsätze: Literarisches und künstlerisches Exil. Einleitung, S. 925–930; Dieter Schiller: Kulturelle Organisationen, S. 994–1005; Silvia Schlenstedt: Lyrik, S. 1019–1030; Sigrid Thielking: Roman, S. 1072–1087.
Handbuch der deutschsprachigen Exilliteratur. Von Heinrich Heine bis Herta Müller. Hrsg. von Bettina Bannasch und Gerhild Rochus, Berlin u. a. 2013.
Keun, Irmgard: Nach Mitternacht, Amsterdam 1937.
Literatur und Exil. Neue Perspektiven. Hrsg. von Doerte Bischoff und Susanne Komfort-Hein, Berlin u. a. 2013.
Mann, Klaus: Der Dichter und die Sprache. In: Aufbau, 15. 8. 1947, S. 7f.
Nationalsozialismus und Exil 1933–1945. Hrsg. von Wilhelm Haefs, München 2009. – Darin insbesondere folgende Aufsätze: Ernst Fischer: Literarische Institutionen des Exils, S. 99–151; Sabina Becker: „Weg ohne Rückkehr“ – Zur Akkulturation deutschsprachiger Autoren im Exil, S. 245–265; Wilhelm Haefes: Lyrik in den 1930er und 1940er Jahren, S. 392–416.
Sprache(n) und Exil. Exilforschung. Hrsg. von Doerte Bischoff, Christoph Gabriel und Esther Kilchmann, München 2014 (Bd. 32: Exilforschung).
Sprachgeschichte. Ein Handbuch zur Geschichte der deutschen Sprache und ihrer Erforschung, Teilband 4. Hrsg.

von Werner Besch, Anne Betten, Oskar Reichmann und Stefan Sonderegger, Berlin/New York 2004.

Steinfeld, Justin: Ein Mann liest Zeitung. Hrsg. und mit einem Nachwort von Wilfried Weinke, Frankfurt am Main 2020.

Utsch, Susanne: Sprachwechsel im Exil. Die „linguistische Metamorphose“ von Klaus Mann. Köln/Weimar/Wien 2007.

Autor*innen

Sylvia Asmus hat Germanistik, Kunstgeschichte und Kunstpädagogik in Frankfurt am Main und Bibliothekswissenschaft in Berlin studiert, in Bibliothekswissenschaften promoviert. Seit 2011 leitet sie das Deutsche Exilarchiv 1933–1945 der Deutschen Nationalbibliothek. In dieser Zuständigkeit ist sie auch verantwortlich für Publikationen und Ausstellungen zu Themen des Exils.
Publikationen (Auswahl): *Marcel Reich-Ranicki. Ein Leben, viele Rollen*, in Kooperation mit Uwe Wittstock, Frankfurt am Main, 2022; *Kinderemigration aus Frankfurt / Child Emigration from Frankfurt*, hrsg. in Kooperation mit Jessica Beebone, Göttingen 2021. *Exil. Erfahrung und Zeugnis / Exile. Experience and Testimony. Deutsches Exilarchiv 1933–1945 der Deutschen Nationalbibliothek*, Göttingen 2019.

Jan Schenck schloss sein Fotografiestudium 2006 an der „Ostkreuzschule für Fotografie" ab. Seit 2011 arbeitet er außerdem als Erlebnispädagoge. 2013 gründete er das Gedenkprojekt „Verbrannte Orte". Seit 2020 ist er im neugegründeten Trägerverein angestellt und verantwortet dort die Projektkoordination.

John Steinmark arbeitete nach dem Studium der Philosophie, Soziologie und Religionswissenschaften in Amsterdam und Frankfurt fünf Jahre lang für den Börsenverein des Deutschen Buchhandels, wo er Projekte zur Förderung der Meinungsfreiheit und Debattenkultur verantwortet und den Friedenspreis des Deutschen Buchhandels mitorganisiert hat. 2022 hat er sich selbstständig gemacht und moderiert Foren, schreibt Texte und leitet den gemeinnützigen Musikverein Jazz Montez.

Werner Treß ist Historiker und stellvertretender Direktor des Moses Mendelssohn Zentrums für europäisch-jüdische Studien (MMZ) in Potsdam. 2011 Promotion an der Freien Universität Berlin mit der Arbeit *„Wer ist der eigentliche Feind?" Die Bücherverbrennungen in Deutschland und der Beginn der Literaturindizierungen im Zeitumbruch des Jahres 1933*. Zuvor mehrere Publikationen zum Thema Bücherverbrennung, unter anderem: *„Wider den undeutschen Geist". Bücherverbrennung 1933*, Berlin 2003; *Orte der Bücherverbrennungen in Deutschland 1933*, Hildesheim/Zürich/New York 2008; *Verbrannte Bücher 1933. Mit Feuer gegen die Freiheit des Geistes*, Bonn 2009; *Verfemt und Verboten. Vorgeschichte und Folgen der Bücherverbrennungen 1933*, Hildesheim/Zürich/New York 2010.

Andrea Voß promovierte 2015 nach Germanistik- und Kunststudium mit einer Gattungsstudie zu frühneuzeitlichen Bildungsreiseberichten an der Universität Greifswald. Es folgten ein Verlagsvolontariat und 2016 das Referendariat für den wissenschaftlichen Bibliotheksdienst. Seit 2018 verantwortet sie an der Universitätsbibliothek Augsburg das Fachreferat Germanistik und die Öffentlichkeitsarbeit, betreut seitdem auch die Bibliothek der verbrannten Bücher (Sammlung Georg P. Salzmann).

Ortsverzeichnis